教与学的和谐

——高职院校师生关系构建艺术

李兰巧　编著

内 容 简 介

师生关系是教育活动中最基本、最重要的人际关系,它贯穿于整个教育教学过程,和谐的师生关系在教师专业发展、学生个性成长及品质塑造中发挥着重要作用。本书研究了国内、国外高职院校师生关系理论,进行了问卷调查和典型案例分析,总结了高职院校师生关系现状、存在的问题与影响因素,并有针对性地提出了构建高职院校和谐师生关系的方法与途径,力求达成高职院校教与学的和谐。

图书在版编目(CIP)数据

教与学的和谐:高职院校师生关系构建艺术/李兰巧编著. —北京:北京大学出版社,2013.8

ISBN 978-7-301-22874-6

Ⅰ.①教… Ⅱ.①李… Ⅲ.①高等职业教育－师生关系－研究－中国 Ⅳ.①G645.6

中国版本图书馆 CIP 数据核字(2013)第 165425 号

书　　　名	:教与学的和谐——高职院校师生关系构建艺术
著作责任者	:李兰巧　编著
责 任 编 辑	:吴坤娟
标 准 书 号	:ISBN 978-7-301-22874-6/G・3669
出 版 发 行	:北京大学出版社
地　　　址	:北京市海淀区成府路 205 号　100871
网　　　址	:http://www.pup.cn　新浪官方微博:@北京大学出版社
电子信箱	:zpup@pup.cn
电　　　话	:邮购部 62752015　发行部 62750672　编辑部 62756923　出版部 62754962
印 刷 者	:北京鑫海金澳胶印有限公司
经 销 者	:新华书店
	720 毫米×1020 毫米　16 开本　12 印张　260 千字
	2013 年 8 月第 1 版　2013 年 8 月第 1 次印刷
定　　　价	:32.00 元

未经许可,不得以任何方式复制或抄袭本书之部分或全部内容
版权所有,侵权必究
举报电话:010-62752024　电子信箱:fd@pup.pku.edu.cn

前　　言

一、问题的提出

自 20 世纪 80 年代初建立职业大学到现在，我国高等职业教育已经走过了三十多年的发展历程。1991 年，中国颁布《国务院关于大力发展职业技术教育的决定》，其中对职业技术教育的性质、地位、作用以及方向、任务、措施等都作了明确规定。1996 年，全国人大通过并颁布了《中华人民共和国职业教育法》，从法律上确定了高职教育在我国教育体系中的地位，由此也拉开了高职教育发展的序幕。1999 年，全国教育工作会议的召开，中央提出"大力发展高等职业教育"的工作要求，高职教育发展迈入新阶段。2005 年，国务院发布了《国务院关于大力发展职业教育的决定》，明确了今后一个时期职业教育改革与发展的指导思想、目标任务和政策措施。2010 年，《国家中长期教育改革发展规划纲要》将"大力发展职业教育，全面提高教育质量"作为职业教育发展四大议题之首，高职教育进入蓬勃发展的大好时期。到 2011 年，我国具有普通高等学历教育招生资格的高职院校数量达到 1276 所，占普通高校总数的 60%；2011 届高职毕业生已达 329 万，占普通高校毕业生总数的 49.8%。

伴随着高等职业教育的快速发展，如何正确处理高职院校发展过程中出现的新问题、提升办学水平、提高教学质量成为各界关注的热点问题。师生关系是教育教学过程中教师与学生形成的最基本、最重要的人际关系，良好的师生关系是正常开展教学活动的必要前提，是提高教学质量的重要保障。因此，本书以高职院校师生关系为研究对象，在进行理论研究、比较研究的基础上，分析了高职院校师生关系现存问题及影响因素，并提出了构建高职院校和谐师生关系的方法和途径。

二、概念界定

(一) 高职院校

高职院校是实施高等职业教育的普通高校,以培养生产、管理、建设、服务等第一线需要的高等技术应用型人才为主要目标,招生对象主要是普通高中毕业生或具有与高中同等学历者,基本修业年限为专科三年、本科四年,非全日制的修业年限适当延长。目前,专科教育阶段职业教育是我国高等职业教育的主体。从结构上看,高职院校现在主要有五类:一是独立设置的职业技术学院或职业大学;二是独立设置的高等专科学校;三是成人高等学校;四是本科学校举办的二级职业技术学院;五是本科学校举办的成人或继续教育学院。本书主要以全日制高职院校为研究对象。

(二) 师生关系

所谓师生关系,即教师和学生在教育、教学过程中结成的相互关系,包括彼此所处的地位、作用和相互对待的态度等。师生关系既受教育活动规律的制约,又是一定历史阶段社会经济、文化等关系的反映。师生关系可以从广义和狭义两方面理解,广义的师生关系泛指社会个体之间的相师相学的关系;狭义的师生关系特指在学校教育机构中存在的,在教育教学活动中形成和表现出来的教师与学生之间的关系。本书重点研究在高职院校教育教学活动过程中表现出来的教师和学生之间的社会关系和人际关系,它是以教、学双方为研究主体,以双方互动影响作为研究对象。

三、研究思路与内容

(一) 研究思路

本研究以高职院校师生关系为研究对象,在梳理已有研究成果的基础上,从纵向、横向角度比较研究高职院校师生关系的变迁发展,并选取七所不同地域和不同类型高职院校,以学校为单位,随机抽样,对七所高职院校师生关系进行调查与研究,分析高职院校师生关系的特点、现状及形成原因,对构建高职院校和谐师生关系提出建设性意见。

(二) 研究内容

本研究主要包括六个方面：一是清晰师生关系的类型和模式，梳理我国师生关系的历史变迁；二是从教育学、社会学、心理学、法学等方面研究师生关系理论；三是从西方高等职业教育发展概况、西方高职院校师生关系发展历程、西方高等职业院校师生关系特征等方面研究提取借鉴因素；四是选取七所高职院校，以学校为单位，随机抽样，采用 SPSS18.0 for Windows 对数据进行统计处理，对师生关系现状、师生关系满意度、影响师生关系的因素、师生双方角色要求等进行分析；五是通过师生关系的作用、高职院校师生关系的现状分析阐述高职师生关系对师生双方的影响；六是在分析构建高职院校和谐师生关系的必要性、和谐师生关系的概念与特征的基础上，提出了构建高职院校和谐师生关系的方法和途径。

四、研究方法

(一) 文献研究法

文献法是对文献进行收集、查阅、整理、分析，并力图找寻事物本质属性的一种研究方法。本研究从 Springer online journals、proquest 系列、CNKI 等学术期刊网站搜集相关资料，并进行全面梳理，以便了解国内外的研究现状，对研究问题形成一个初步认识。

(二) 问卷调查法

问卷调查法是通过向调查对象发出基于调查目标制定的调查问卷，由调查对象根据实际情况填写对有关问题的意见和建议来间接获得材料和信息的一种方法。本研究对高职院校教学活动的直接参与者——师生进行问卷调查，通过数据统计分析，了解师生关系现状及影响因素，为构建和谐师生关系提供科学依据。

(三) 比较研究法

比较研究法是根据一定的标准，对两个或两个以上有联系的事物进行考察，寻求其异同，以便把握研究对象所特有的质的规定性的研究方法。本研究从纵向、横向角度比较研究了国内古代、近代、现代及中西方高职院校师生关系变迁历程，从中把握发展规律,为我国高职院校和谐师生关系的构建提供借鉴。

五、研究意义

本研究在开展大量的理论研究、实证研究的基础上,为构建高职院校和谐师生关系提出建设性意见,不仅对丰富高等职业教育理论研究,认识和掌握高等职业教育规律,深化高等职业教育改革具有理论意义;为教育管理机构和高职院校制定科学的高等职业教育发展政策提供了参考;也唤起了研究者、高职院校管理人员及师生对高职院校师生关系的关注与省思,为构建和谐师生关系、创造良好校园环境起到指导和推进作用。

目 录

第一章 师生关系概况 ·· (1)

　第一节 师生关系内涵 ·· (2)

　　一、师生关系概念 ··· (2)

　　二、师生关系类型 ··· (3)

　第二节 师生关系的历史变迁 ·· (9)

　　一、我国古代师生关系 ·· (9)

　　二、我国近代师生关系 ··· (10)

　　三、新中国成立后的师生关系 ·· (12)

　第三节 影响师生关系的因素 ·· (13)

　　一、教师的职业特征和学生的本质属性 ······································ (13)

　　二、社会经济文化和教育发展水平 ··· (14)

　第四节 高职院校师生关系的特征 ··· (16)

　　一、一般性：由伦理关系到契约关系的转化 ······························· (17)

　　二、特殊性：民主、高效的"师徒"关系 ··································· (20)

第二章 高职院校师生关系的理论研究 ·· (23)

　第一节 教育学视阈下的师生关系研究 ·· (24)

　　一、单一主体说 ·· (24)

　　二、主导主体说 ·· (25)

　　三、双主体说 ··· (27)

　　四、主体间性师生关系 ·· (27)

　第二节 社会学视阈下的师生关系研究 ·· (29)

　　一、冲突论对师生关系的解析 ·· (29)

二、教育互动论对师生关系的研究 …………………………… (33)

第三节　心理学视阈下的师生关系研究 ………………………… (36)
　　一、师生关系的心理学理论 …………………………………… (36)
　　二、师生间相互态度的研究 …………………………………… (38)
　　三、师生关系的心理结构 ……………………………………… (39)

第四节　法学视阈下的师生关系研究 …………………………… (41)
　　一、师生法律关系的性质 ……………………………………… (41)
　　二、师生的法律地位 …………………………………………… (43)
　　三、师生的权利与义务 ………………………………………… (43)

第三章　西方发达国家高职院校师生关系研究 …………………… (47)

第一节　西方高等职业教育发展概况 …………………………… (48)
　　一、萌芽时期 …………………………………………………… (48)
　　二、初步发展阶段 ……………………………………………… (49)
　　三、制度化阶段 ………………………………………………… (50)
　　四、快速发展阶段 ……………………………………………… (52)

第二节　西方高职院校师生关系发展历程 ……………………… (55)
　　一、古希腊时期 ………………………………………………… (55)
　　二、中世纪时期 ………………………………………………… (56)
　　三、文艺复兴时期 ……………………………………………… (57)
　　四、近代工业化时期 …………………………………………… (59)
　　五、现代信息化时代 …………………………………………… (61)
　　六、后现代时期 ………………………………………………… (63)

第三节　西方高等职业院校师生关系特征与启示 ……………… (66)
　　一、遵循发展性规律 …………………………………………… (66)
　　二、以特定教育思想为指导 …………………………………… (66)
　　三、以多维度考察为视角 ……………………………………… (67)
　　四、以互动交流为手段 ………………………………………… (67)
　　五、以民主合作为方向 ………………………………………… (68)
　　六、以促进学生发展为目的 …………………………………… (68)

第四章　高职院校师生关系现状调查与分析 …………………… (69)

第一节　研究方法及过程说明 ………………………………… (70)
一、研究性质、研究对象与研究内容 ……………………………… (70)
二、抽样方法与抽样方案 …………………………………………… (71)
三、问卷调查方式与调查过程 ……………………………………… (72)
四、问卷资料整理与统计分析 ……………………………………… (72)
五、所获样本的基本信息 …………………………………………… (73)

第二节　当前高职院校师生关系的基本情况 ………………… (77)
一、对师生关系的认识和理解 ……………………………………… (77)
二、师生交流相关问题 ……………………………………………… (83)
三、师生对当前教师群体的评价 …………………………………… (90)
四、师生交往中存在的问题 ………………………………………… (94)
五、师生心目中的对方 ……………………………………………… (98)
六、师生关系动机问题 ……………………………………………… (101)
七、教师对学生的帮助 ……………………………………………… (103)
八、对建立良好师生关系的信心 …………………………………… (103)
九、良好师生关系的关键词 ………………………………………… (104)

第三节　不同学生群体对师生关系认识的比较研究 ………… (105)
一、不同性别学生的比较 …………………………………………… (105)
二、不同年级学生的比较 …………………………………………… (107)
三、不同学科学生的比较 …………………………………………… (111)

第四节　基本结论与讨论 ……………………………………… (113)
一、高职院校师生关系调查的基本结论 …………………………… (113)
二、对当前高职院校师生关系的讨论 ……………………………… (115)

第五章　高职院校师生关系典型案例分析 ……………………… (123)

第一节　和谐篇 ………………………………………………… (124)
一、典型案例 ………………………………………………………… (124)
二、案例分析 ………………………………………………………… (126)

第二节　冲突篇 ………………………………………………… (129)
一、典型案例 ………………………………………………………… (129)

二、案例分析 …………………………………………………… (133)

　第三节　特殊篇 ………………………………………………… (140)

　　一、典型案例 …………………………………………………… (140)

　　二、案例分析 …………………………………………………… (142)

第六章　构建高职院校和谐师生关系的方法与途径 ……………… (147)

　第一节　构建高职院校和谐师生关系的必要性 ………………… (148)

　　一、和谐师生关系是高职教育的基础 ………………………… (148)

　　二、和谐师生关系有利于高职教师发展 ……………………… (148)

　　三、和谐师生关系有利于高职学生成长 ……………………… (149)

　第二节　和谐师生关系的概念与特征 …………………………… (150)

　　一、和谐师生关系的概念 ……………………………………… (150)

　　二、和谐师生关系的特征 ……………………………………… (150)

　第三节　构建高职院校和谐师生关系的方法 …………………… (154)

　　一、教师率先垂范，博学导行 ………………………………… (154)

　　二、学生尊敬教师，明理善学 ………………………………… (162)

　　三、学校人文管理，创造和谐 ………………………………… (164)

　第四节　构建高职院校和谐师生关系的途径 …………………… (168)

　　一、在课堂教学中建立和谐关系 ……………………………… (168)

　　二、在课外活动中建立和谐关系 ……………………………… (168)

　　三、在校外活动中建立和谐关系 ……………………………… (169)

　　四、在网络环境中建立和谐关系 ……………………………… (169)

附录 …………………………………………………………………… (171)

　高职院校师生关系调查问卷（教师用）………………………… (171)

　高职院校师生关系调查问卷（学生用）………………………… (175)

参考文献 ……………………………………………………………… (179)

后记 …………………………………………………………………… (181)

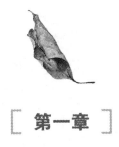

[第一章]

师生关系:概况

第一节　师生关系内涵

师生关系是教育过程中人与人之间最基本、最重要的关系。良好的师生关系是形成"无拘无束"教学氛围、激发学生高昂的学习情绪、挖掘学生创造潜能的直接因素，它不仅会增强学生对教师的尊重和信任，而且还会影响到教育活动整体的水平和质量。一般来说，在教育活动中，教师是促进者、组织者和研究者，学生是参与者、学习者，同时又是学习的主人和自我教育的主体。而且，由于教师和学生身份角色的差异和教育活动组织本身的特点，使得师生关系在教育管理模式、教育主体性和人际关系等方面体现出不同的类型。

一、师生关系概念

我国学者对师生关系研究曾经在一个很长阶段内，主要围绕教师与学生主体与客体关系问题展开。直到20世纪90年代左右，由于社会经济和教育的发展，研究者更多地开始关注新型民主师生关系的建立。由于研究对象是教师、学生，其本质是人与人之间的复杂关系，因此对师生关系概念及内涵理解出现多元化。学者们的研究观点主要有：李以庄认为，师生关系是一种特殊的社会关系，它反映和包含了社会、政治、经济、道德、文化等关系，是教师在教育活动中与其他有关人员发生关系的一种最基本、最主要的关系。[1] 王耘、王晓华认为，师生关系是学校中教师与学生之间以情感、认知和行为交往为主要表现形式的心理关系。[2] 董兴林、刘秀英认为师生关系是在特定的教育结构中表现出来的教师和学生之间的社会关系和人际关系。它具有特定的工作关系、自然的人际关系和深层的社会关系三个不

---

[1] 李以庄. 论新型师生关系[J]. 西南民族学院学报(哲学社会科学版)，2002,(9).
[2] 王耘，王晓华. 小学生的师生关系特点与学生因素的关系研究[J]. 心理发展与教育，2002,(3).

同的层次,三者之间交互作用,构成现实生活中真正意义的师生关系。[①] 胡波认为,师生关系是一种特殊的社会关系,又是一种特定的心理交流的关系。广义的师生关系既包括整个社会范围内的师生伦理关系又包括学校范围内的师生心理关系。[②] 李瑾瑜认为,师生之间的教学关系、心理关系、个人关系、道德关系相互依存,相互渗透,构成了一个有机体系,反映了师生关系的本质结构与特征。在这个关系体系中,教学关系是师生关系的基础,离开了这一关系层面,其他关系层也就失去了存在依据和意义。心理关系又是必然伴随教学关系而生成的关系层面,在教学关系中,如果没有心理意义上的情感作用和联系,如果"知"与"情"分离,那么,教学关系也不会有效维持。个人关系则是师生集体交往和关系的一种补充,并以更为浓烈的情感色彩作用于教学关系和心理关系。道德关系使教学关系畅顺、心理关系和谐、个人关系更为正常健康,因而使师生关系处于"应然"状态,表现得规范有序,保持师生关系的内部平衡。[③] 类似的观点也都从不同侧面对师生关系的内涵进行了界定,主要的观点包括社会关系、心理关系、人际关系、工作关系、伦理关系等。

综上所述,所谓的师生关系就是指教师和学生在教育教学活动中形成的相互关系,如道德关系、工作关系、心理关系、人际关系等,包括彼此所处的地位、作用和相互态度。师生之间的关系是为完成一定的教育任务而产生的。因此应从教育过程本身出发,根据对教师与学生在教育活动中各自承担的不同任务和所处的不同地位对师生关系开展研究。而对师生关系类型、影响师生关系的因素和师生关系的变迁进行梳理与总结是研究的基础。

二、师生关系类型

(一) 教育主体性角度

根据在教育活动中教师与学生的主体地位,可以将师生关系划分为教师主导型、学生主导型和共享合作型。教师主导型主要围绕教师主体开展教学活动,学生

[①] 董兴林,刘秀英.素质教育与师生关系[J].潍坊教育学院学报,2002,(2).
[②] 胡波.如何构建新型师生关系[J].教育与职业,2002,(3).
[③] 李瑾瑜.关于师生关系本质的认识[J].教育评论,1998,(4).

自主性不能有效发挥;学生主导型主要围绕学生开展教学活动,教师与学生的合作性不强;共享合作型倡导师生共同学习、共同提高,是提高教学效果和实现师生共同成长进步的有效途径。

1. 教师主导型师生关系

教师主导型的师生关系是指在教学活动中,教师处于中心与主导地位,师生关系处于单向发展状态,教师更多地作为知识的权威传授者,教学活动围绕教师展开,学生只是被动的知识接收者。在教学过程中,教师往往更多地注重书本知识的传授,却在很大程度上忽视了学生的非智力因素和个人能力素养的培养和开发。教学过程中教师缺少与学生的交流与互动,对于教师提出的观点,学生不会提出质疑,更不会和教师进行讨论和争辩。因此,教师主导型的师生关系下的教学活动,更多地表现为教师在讲台上的个人表演。

2. 学生主导型师生关系

学生主导型的师生关系是以学生为中心,在教学活动中更多地体现学生的主体作用。教师从学生学习和身心发展的特点出发,进行教学过程的设计和活动组织,而且在教学实施过程中,充分调动学生的学习积极性和个人能动性,将教学作为掌握知识、提升能力和素质、激发创造性的过程。教师要积极引导,促使学生可以根据个人的学习兴趣、能力自主地制订学习计划,选择适合自身发展的学习内容。通过自主学习、主动探索的过程,不断增强学生的独立性、自信心和综合素质,使学生明确个人发展目标,培养学生个性和创造性。

3. 共同合作型师生关系

师生合作型的师生关系中,教师和学生的教学活动,不是教师的"教"和学生的"学"的简单相加,而是师生共同合作、相互配合、共同学习、共同解决问题、相互启发,实现教育目标并共享教学成果的过程。师生之间呈现积极的双向交流,学生积极思考、提出问题、各抒己见,教师认真引导。教师能够从学生的角度出发进行教学设计、教学活动组织,学生能够在教师的指导下,了解教师的教学目的和教学思路,在相互理解和充分沟通的前提下组织开展教学。教学过程中的师生关系被看做是两个创造主体之间的交往、对话、合作、沟通关系,这种关系在教学过程的动态生成中得以展开和实现。① 学生在这种教学环境中能够很好地获得信任和信心,从而激发学生的积极性和创造性。正如徐特立所指出的:"教师和学生,一切都是相互平等的关系,用中国的老话来说,叫做'教学半',或'教学相长',在教和学当中,教师和学生都得到利益,都获得进步。这是新的师生关系问题。"

(二)教育管理角度

根据教育活动的管理模式,可以将师生关系划分为专制型、民主型、放任型三种类型。专制型师生关系强调的是基于命令与权威的管理理念;放任型师生关系体现出的无序、随意和放纵都是极端化的关系表现。而体现开放、平等和互助合作的民主型师生关系则是现代教育所倡导的。

1. 专制型师生关系

所谓专制型师生关系主要是指学生身心发展等教育过程依赖于教师对于教学的组织和安排。学生和教师的地位相比,教师的地位高于学生。这种师生关系类型普遍存在于古代社会中,并不同程度地存在于现代社会中。专制型师生关系是中外传统教育理论代表性观点。如以赫尔巴特为代表的西方教育理念,以及我国"一日为师,终身为父"和"严师出高徒"的传统思想。在这种传统的教育理念影响下,教学过程中的师生关系集中表现为学生绝对服从于教师,而教师则对学生严加管教。

在传统的专制型师生关系影响下的教学活动,对于学生获取系统的学科知识和专业知识具有很大的益处。但另一方面,这种师生关系却极大地压抑了学生个性和能动性的发挥,严重影响了学生积极思考活动的开展和个人能力的发挥,以致学生不能成为知识与能力兼备、思维活跃、富有创造力和探索精神、全面发展的人。而且,传统的专制型的师生关系缺失了教师与学生之间的民主平等性,教师"总是带着社会赋予他们的与职业俱来的特权,在人格上凌驾于学生之上,以种种'神圣'的借口,心安理得地强制学生学习,而对学生在性格、兴趣等方面表现出自我发展

---

① 叶澜. 重建课堂教学过程观——"新基础教育"课堂教学改革的理论与实践探究之二[J]. 教育研究,2002,(10).

的趋势总是用种种方法去防范"。① 在这样的教学理念下,学生在教学活动中受到了极大的限制和约束,乃至师生关系逐渐疏远甚至产生对立倾向。因此,专制型师生关系在一定程度上妨碍和影响了学生的自由发展。

2. 民主型师生关系

民主型师生关系,即强调民主平等的师生关系,主要表现为学生与教师同样具有较强的民主意识,学生与教师享有平等的地位和权利,并积极参与教学等各项活动。师生之间更多的是一种交流、对话、沟通、探讨的关系,是在教师的指导下,学生熟悉、理解、掌握并进行发现创造的过程。这种师生平等关系的出现,主要源于经济社会的发展对于学生能力的发展提出更高的要求所致。社会更多地要求年轻人自主思考、自主判断。同时,由于信息社会的来临,教师不再具有信息与知识上的优势,因此教师源于知识上的权威受到一定程度上的挑战,师生平等的要求也就成为一种社会和教育发展的必然。

在民主型师生关系中,教师和学生在教学过程中的关系是建立在双方人格平等基础上的合作关系,师生之间互相尊重、相互合作。如苏霍姆林斯基曾指出,"教育中的一切'教'都应以教育者的人格为基础,只有人格才能影响人格"。而且面对现代社会开放性、多元化和信息化的特点,教师更应在尊重学生人格的基础上,用自身人格魅力去感染学生、影响学生、引导学生。使教师和学生在教学过程中建立的关系能够在良性和健康的轨道上积极发展,而这也是构建和谐师生关系的前提条件。教师和学生之间的相互尊重是建立良好互动关系的基础。教师只有尊重学生,才能得到学生的尊重,而要实现这一目标,就需要在教学活动中对学生一视同仁,平等相待。同样,学生要做到尊师,即尊重教师的智力劳动和教师的人格尊严,虚心向教师学习,对教师要有礼貌。因此,教师对学生的关爱和学生对教师的尊重,是协调教育者与受教育者和谐关系的基本要求,也是建立良好师生关系的重要条件。

3. 放任型师生关系

放任型师生关系主要是指在教学活动中,教师对于学生的学习、成长、心理发展等活动任由其自由发展。教师将自己作为孤立的主体,将教育工作看做简单的

---

① 赵茜.大学教室文化的离散化及其相关因素分析[J].河南工业大学学报(社会科学版),2010,(4).

知识讲授和信息传递,缺失了对于学生必要的管理与教育,学生处于轻松自由的学习状态。放任型师生关系过于强调学生的个体发展,从表面上看学生处于非常宽松的教学环境中,对于学习态度端正、自我管理能力较强的学生提供了广阔的发展空间,但是同时也有可能造成部分学习主动性差的学生学习目的不清晰、学习重点受个人兴趣所支配、学习成绩下降、心理健康等问题,而且缺乏了教师的专业教育与引导,学生容易养成自由散漫的学习、生活习惯。同时自由放任的管理方式也会在一定程度上带来教学秩序的混乱。

（三）人际关系角度

根据教师和学生在教学活动过程中形成的人际关系密切程度,可以将师生关系分为对立型、亲密型和疏远型。对立型师生关系无法保障正常教学活动开展;疏远型师生关系对教师和学生成长不利;而亲密型师生关系则是师生追求的目标。

1. 对立型师生关系

所谓对立型的师生关系是指教师以权威者自居,以师长的尊严凌驾于学生之上,学生在教学活动等方面必须无条件服从教师的管理。教师不允许学生发表自己的看法和意见,学生的主动性和积极性受到压制,独立思维受到阻碍;有的教师以学生成绩作为评定学生好坏的唯一标准,不能公平、公正地对待每个学生;教师对学生的管理不讲究方法和技巧;学生对教师比较畏惧,师生关系紧张对立,师生之间容易发生冲突。

2. 亲密型师生关系

亲密型师生关系是指教师和学生在日常的教学活动和课堂之外的生活中,建立了较为深厚的师生情谊。教师在课堂是学生心目中的好老师,在课下是学生的知心朋友,即人们常说的"良师益友"。在这种师生关系中,教师尊重学生、关心学生,不仅仅指导学生学习,还关心学生的心理、生活等各个方面的成长,和学生交流沟通多,了解学生的特点,能够做到因材施教;而学生也尊敬教师,教师与学生之间建立了互相学习,共同探讨提高的良性关系。虽然,由于教师的职业特点,使得教师在学识、专业知识系统和教学经验等方面与学生相比,具有很大的优势和长处,但这并不代表教师在任何方面特别是学识方面都优于学生,即所谓的"弟子不必不如师,师不必贤于弟子"。这种亲密型师生关系对保障教学活动良性运行和教学效果提升具有重要的促进作用。

3. 疏远型师生关系

疏远型的师生关系是指教师与学生除了课堂教学过程中的交流外,很少主动参与学生的活动,也不主动建立与学生沟通的渠道,因此师生之间缺乏课堂之外有关学习、思想和生活方面的交流与沟通,造成师生间感情淡漠。教师不了解学生的兴趣、特长、个性,学生也不了解教师的具体情况。因此在心理上会产生很强的距离感,关系相对疏远,甚至出现课堂上是师生、课下是陌生人的现象。

通过以上不同类型师生关系的分析,我们认识到,建立现代教育师生关系的核心,就在于教师与学生之间应建立平等的价值观,即教师应该在尊重学生人格的前提下平等对待学生。教师在教学过程中实施民主的管理作风,在教学活动中与学生相互配合、共同参与、共同学习研究。培养学生的自我管理和主动学习能力,引导学生积极参与教学活动,教师与学生通过合作,共享学习成果。加强教师与学生之间的交流与沟通。同时,对于教师与学生之间的民主平等还要注意相对性,即为了维持教学活动的有序进行,要实现自由与纪律的有机结合,即民主平等关系要避免在教学活动中无原则的民主与自由。

"以人为本"是科学发展观的本质和核心,也是从事教育工作的核心理念。而在教育领域中,就要坚持做到以教师和学生为本。随着经济市场化、全球化和政治民主化、法治化的不断推进,民主管理是高等教育走向市场化过程中,遵循市场规律和社会发展趋势的需要。而随着学生生源的紧张压力,高校面对日益激烈的市场竞争,就需要争取更多的教育资源,而这就需要教师与高校的核心客户——学生处理好师生关系,为学生提供高质量的教育和服务。这样,高校就可以为社会培养出更多的高素质、高能力全面发展的人才。由此形成良性互动循环,扩大学校的社会影响力和社会声誉,进一步吸引更多的优秀学生生源,进而满足高校及教师自身生存和发展的需要。尤其从我国高等教育的现状来看,教育资源的有限性与高校发展需求的无限性之间的矛盾,必然促使高校间存在着激烈的竞争。而只有建立民主型、共享合作、亲密型的师生关系,才能使教育资源得到优化配置并得以实现,进而建立良性互动、满足学生消费需求的教育环境。

第二节 师生关系的历史变迁

一、我国古代师生关系

我国学校教育不仅产生较早,而且职业教育贯穿学校教育始终,最早的"六艺"中的"乐、射、御、书、数"都与职业教育密切相关。先秦时期私人办学的兴盛拓宽了职业教育途径、丰富了职业教育内容。很多私学实际上就是传授专业技能的职业学校,如墨子创办的私学传授木工与器械制造等手工业技能;许行创立农家学派,传授农业生产知识与技能;建筑业的"祖师"鲁班不仅发明创造众多,而且也广收门徒,传授技术。后期,由于奴隶制的废除,得到解放的奴隶组成了个体经济的家庭进行物质生产,同时也进行着家庭型的职业技能传授,于是出现了家业父传型的职业教育形式。《管子·小匡》曰:"少而习焉,其心安焉,不见异物而迁焉。是故其父兄之教不肃而成,其子弟之学不劳而能。"《荀子·儒效》曰"工匠之子莫不继事,而都国之民安习其服"。齐国在齐桓公和管仲执政时期明确规定:士、农、工、商的子弟应就父学,弟从兄学。到汉代官场及经学研究领域还保持着鲜明的家业父传的痕迹,如著名史学家司马迁和班固都是继承父业从事历史著述的。而明朝时期甚至国家明文规定:医者之子恒为医,考试成绩好的可以享受国家薪俸(有俸无职)。喻仁、喻杰就是在这种情况下培育出的著名兽医兄弟。著名医学家李时珍,其曾、祖、父辈都是有名的医生,家传基础十分丰厚。

战国以后,家业父传的职业教育形式通过官府加以推广。手工业技术的传授,除家传和私人授徒外,还实行了艺徒制。民间的一些工艺技术的传授,依靠艺徒制来进行。艺徒制是最为普遍、受教育者最多的教育形式,也是我国古代职业教育中时间保持最长的教育形式。艺徒制职业教育在早期都是父子相传,然后过渡到师父收养子做徒弟,最后才扩展到一般的师徒关系。为了保证技艺和秘诀的代代相传,必须加强亲密关系,视师如父、视徒若子。有所谓"一日为师,终身为父"、"名虽师徒,义为父子"之说,师徒关系密切,甚至将其上升等同于血缘亲情关系,更有"生我者父母,教我者师傅"及"投师如投胎"等民间说法。"尊师"是古代职业教育中维系一般师徒关系的至高无上的道德准绳。同时又由于师徒之间属于同行,在资源受限的情况下师徒间存在着必然的竞争,所以又有"教会徒弟,饿死师傅"、"留一手"的民谚。

二、我国近代师生关系

我国近代师生关系的特点充分体现了当时社会背景和教育环境。20世纪初到新中国成立前夕,中国社会处在一个深刻变革的时期,而在教育领域,正处在从传统教育到现代教育的变革时期。而1919年爆发的五四运动对社会尤其对于教育观念的转变发挥了重要的影响,其中师生关系也体现出由传统的以教师为中心逐渐转变为强调学生主体地位,以学生为中心。然而,在近代社会,师生关系发生变革的更多地体现在思想观念方面,而在具体贯彻落实方面则经历了更长的历史阶段。

在五四运动爆发前的一个历史阶段,中国社会占主流和支配地位的师生关系思想仍是以教师为本,以教师为中心,但期间也受到了国外师生关系思想的影响。在此历史时期,国外对于师生关系的认识也正在从以教师为本向以学生为本进行转变和过渡。而且随着西方民主平等思想的广泛传播,师生民主平等观念逐渐深入人心。同时,在此历史时期,包括卢梭、爱伦凯、蒙台梭利等著名教育家的教育思想得到广泛传播并对中国社会教育领域产生了深刻影响。而西方教育家教育思想中有关师生关系方面的核心观点就在于尊重学生的自然本性,充分发挥学生在教育过程中的个性;强调学生应取代教师成为教育过程的主体,而教师应更多地发挥指导和引导作用。这些思想与当时中国社会占统治地位的教育观念产生了很大的反差,东西方思想产生了鲜明的斗争和冲突。

正是源于教育思想观念的冲突,在此时期中国社会中关于师生关系的认识主要分为两类:一类就是代表官方的思想认识,即坚持传统的以教师为中心,教师支配教学过程,学生处于被动、服从地位;另一类观点则更多地吸收和借鉴了西方民主平等的教育观念,倡导解放学生的个性和自主性,以学生为中心组织开展教学活动。如康有为的代表作《大同书》,就充分体现出教育过程中注重不同年龄阶段学生生理和心理特点,从学生角度出发去设计教学活动,组织实施教学活动。他主张"女傅当选德性仁慈、威仪端正、学问通达、诲诱不倦者为之。以儿童性情未定,小学乃其知识甫开之时,举动,肇笑,言语,行为,入耳寓目皆以女傅为转移"。

而且随着社会的不断进步和发展,民主平等的教育观念也逐步得到更为广泛的认同,以学生为主体的师生关系思想逐步兴起。如1914年12月,《教育部整理教育方案草案》指出:"各学校宜注重学生之个性陶冶","学生享赋不同,个性各异,苟不审其短长,因材施教,则教育实效终不可期"。这体现了国家在教育过程中注重学生的个性,把发挥学生的主体性和个性的全面发展和国家、社会的发展相联系。而陈独秀在1915年《青年杂志》创刊号上发表的《敬告青年》一文也体现出同类的思想观点,即"一切操行,一切权利,一切信仰,唯有听命各自固有之智能,断无盲从隶属他人之理"。

而1919年爆发的五四运动,对中国社会的各个领域都产生了深刻的影响,在思想观念方面,则更多地体现为对封建思想的批判和对民主与科学思想的认同。体现在教育领域,表现为主张民主、平等和个性化教育,而这就奠定了现代教育观念的基础。如在1919年10月召开的第五届全国教育会联合会议上,形成了《请废止教育宗旨宣布教育本义案》,其中将以学生为本的教育观念写入文件中:"今后之教育应觉悟人应如何教,所谓儿童本位教育是也。"表明以学生为本的思想已经在教育理论界占据了绝对的优势。1924年,国民党第一次全国代表大会宣言,更明白地提出:"教育的主体是'人',教育的对象是'人',教育事业是'人改造人'的事业。教育问题天然以'人'的问题为中心,为最最重要。而'人'的问题之中,又以'教师'为最重要。诚然,教育要以'学生'为本位,不可以'教师'为本位。"

民主平等的师生关系思想在当时的教育实践中也得到了较好的践行。如在陕北公学,实行民主生活,学生选派代表参加管理,教育计划、教育方法等都是民主讨论执行,教员与学生可以相互提意见,商量改进教学方法,师生之间互相信任,没有隔膜;在延安大学,"教员与学员互相学习……同时发扬教学上的民主,提倡质疑问难,热烈辩论的作风,以培养独立思考与批判的能力。"在延安,干部学校内师生关系民主平等,师生共同参加生产劳动,互相学习提高。

这一阶段是我国一个思想活跃、观点纷呈、师生关系从传统走向了现代的时期。大多数教育家在不遗余力地批判封建师道尊严、强调学生本位的同时,力主建立民主、平等、合作的朋友式的师生关系。为使师生打成一片,陶行知还主张师生共同生活,他们必须共同面对和解决教育和生活中的一切问题,师生之间不能产生隔阂,更不能分阶级,认为真正的教育应该是师生同生活、共甘苦,这样才能实现完全消除师生之间的隔阂,从而建立相亲相爱的关系,才能做到真正的精神交流和人格教育。

三、新中国成立后的师生关系

新中国成立初期,从苏联照搬而来的以凯洛夫教育学为指导思想的教育模式主要强调教师的主导作用,最大的缺点在于"限制了学生的生活,教学活动缺乏生气,学生的主动性、创造性和个性的发展被严重地忽视"。当然,凯洛夫教育学主张的教师主导与中国传统教育思想达到了实际上的不谋而合。师道尊严重新成为当时主要的师生关系模式,与传统尊师思想决然不同的是,此时的师道尊严中已然穿插了一个比较严重的政治问题:管理者认定教师在思想政治觉悟上普遍不如学生高,要求学生帮助教师改造思想,提高教师政治觉悟。其后出现的连绵不绝的政治运动不断地强化着这个观点。

"文化大革命"爆发、取消高考、实行推荐上大学;工农兵"上、管、改"大学等改革措施严重违背了教育规律,造成了轻视知识、轻视教师的社会风气。由于当时把教师视为资产阶级知识分子,认为他们统治了学校,号召工农兵和学生去夺权,这实际上就把师生之间的关系定位为资产阶级知识分子与革命学生的关系,是一种敌对关系。同时,当时随意压缩学制、随意停课、过分强调劳动、轻视知识、轻视教师等做法,都让教师的社会地位和作用降低到了历史的最低点,在学生面前也没有了任何尊严,出现了历史上从未出现过的学生比教师地位高,学生的权利被无限夸大的现象,师生之间的民主平等遭到了极大的破坏和扭曲。

改革开放之后,师生民主平等思想得到了发展与深化,广大教育工作者呼吁建立一种与新体制合拍的新型师生关系。出现了以生为本的师生关系,这种关系模式特别强调学生个体行为的主观层面,重视学生行为的主观意义;强调学习过程的重要性,要求教学过程适应学生身心发展规律;重视提高学生基本素质,培养学生的创新意识和创新能力;互相学习、共同发展师生关系,提出把师生关系打造成一种师生共同创造、互相合作、共同参与的关系结构,以"对话"为基础、教师的价值引导与学生自主建构和谐统一。把新型师生关系建立为体现尊重、民主和发展精神的现代伦理关系。在师生个性全面交往基础上建立一种真正人与人的心灵沟通,师生个性魅力可以生动展现、师生相互关爱的情感化师生关系。师生关系应建设为"民主、平等、尊师爱生、有法律规范保护调整的特殊法律关系"。师生关系应是体现良好、和谐、民主、进步的人际关系,等等。还有人认为民主平等是新型师生关系建立的前提,认为"尊师爱生"的提法带有明显的"师道尊严"的痕迹,应提"爱生尊师"。总之,研究者和实践者们,认为应追求并逐步建立起一种以尊重学生的人格、平等地对待学生为基础、师生共同学习、相互促进、教学相长的关系。更有相关学者提出了与时俱进的"和谐师生关系"理论。因此,改革开放至今的师生关系是一种多元思想指导下的新型师生关系,在探索中迈向民主平等的和谐师生关系。

第三节 影响师生关系的因素

学校的教育活动是师生双方共同的活动,是在一定师生关系的维系下进行的。良好的师生关系是教育教学活动取得成功的必要保证,而教育活动又是一种培养人的社会活动。作为构成师生关系的核心主体,教师的职业特征和学生群体的本质属性会从内因的角度决定师生关系的不断变迁和发展。同时,社会经济、文化发展水平和教育行业自身的发展对教育提出新的要求会从外因的角度,对师生关系的状态产生深刻的影响。

一、教师的职业特征和学生的本质属性

人类社会早期并没有教师这一职业。随着社会的发展,产生了以教化年轻一代成为社会合格成员的劳动集团,这就是教师。而学生群体的产生也是随着教育

行业规模化的产生而逐步扩大。这些变迁就使得教师和学生的地位和角色不断发生变化,从而直接影响到师生关系的变化。

教师作为一种专门职业,是一种要求经过严格训练并持续不断研究才能获得并维持专业知识和专门技能的业务。我国 1993 年颁布的《教师法》把教师界定为履行教育教学工作的专业人员。教师作为专业教育工作者,承担着培养合格社会成员、延续人类社会发展的重要职责,同时教师还代表着并推动着社会进步的方向。因此教师往往又是社会成员中各方面的代表先进方向的专业人员。社会赋予教师的使命使得教师职业具有多样化角色的特征。在袁振国主编的《当代教育学》一书中,将教师角色总结为:"传道者"、"授业、解惑者"、示范者、管理者、父母与朋友、研究者等几种。

而学生特有的本质属性对师生关系产生着根本的影响。首先,学生是具有发展潜力的人,是发展中的人。身心各方面都潜藏着极大的发展可能性,具有极大的可塑性。同时学生也是具有发展需要的人,包括生理、心理、认知、情感、道德、审美等各个方面。而最为关键的是,学生是教育的对象。与外在环境自发的影响相比,教育对学生个体的发展和成长起着主导性的作用。学生最主要的任务是学习,同时在学校特定的教育环境中,学生主要通过学习获得身心各方面的发展。学生是具有主观能动性、而素质发展又不平衡的人群,具有自己的兴趣、爱好、特长,具有独立的意志。而学生群体所具有的这些特点就要求教师尊重和调动学生的积极性和主动性,才能真正实现教育的目的。因此,教师与学生群体的特质就成为影响师生关系重要的内在因素。

二、社会经济文化和教育发展水平

社会经济、文化发展水平以及教育发展水平也会对师生关系产生巨大的影响。以中国传统文化为例,儒家文化在中国有着深刻的社会基础,在近 2000 年的历史中为了维护统治阶级利益,对人们的生活、思维方式乃至师生关系产生了深远的影响。儒家文化强调森严的等级制度,重道德、轻名利,强调集体利益和社会利益,抹杀个人利益。个人价值应服从于社会价值,个人利益应服从于集体利益。这种观念对于教育领域师生关系的影响,就会体现为教师是社会权威的代表,而且具有较高的地位。因此导致了传统师生关系中体现出教师权威、学生无条件地服从与尊崇。而在教学过程中也就出现了以教师为中心,学生只是被动地接受的状况,而且常常运用惩罚手段管理学生。这种师生关系正是当时社会主流价值观的充分体现。

而现代社会以民主、开放为首要特征。这就要求师生关系也向民主性、平等性过度。教育实践表明:民主型师生关系是师生和谐、融洽的基础,而民主型师生关系有赖于民主型的教师去创造。从教师来讲,至少要做到三点:一是思想民主,即要消除旧的思想,吸纳崇尚民主的现代教育观念;二是教学民主,尊重学生,给学生创造民主的学习氛围;三是作风民主,对学生要做到心与心的沟通,形成教学相长的良好风尚。这就要求师生要有开放的心态,放开传统观念的束缚,使课堂更趋于活跃,畅所欲言,真正使课堂成为讨论的平台。

随着教育产业逐步从私人教育到规模教育转化,教师教授学生的形式也逐步从个人行为转化成一种组织行为,教授内容从个人技艺到学科化、专业化教育转变。要说明这一问题,需要从学校教育制度的建立和发展谈起:古代的教育是一种与生活过程、生产过程浑然一体的教育,没有固定的教育者,也没有固定的受教育者;而规模化教育的教育者和受教育者相对固定,也有固定的教育场所和设施,教育内容也相对规范化。随着学校教育独立程度越来越高,教育的育人功能和筛选功能也越来越重要。学校制度、课程设置、考试制度也越来越完备,也促使了学校教育制度的建立,而这正是导致师生关系变迁的重要外在因素。

从世界范围来说,现代教育制度始于18、19世纪欧美国家的义务教育。在我国,1904年清政府以日本学制为基础,颁布了我国第一个在实际中执行的现代学制——《奏定学堂章程》。新中国成立以后,于1951年颁发的《关于改革学制的决定》,确定了中华人民共和国的新学制,规定了各类技术学校和专门学院在学制中的地位。1986年我国颁布九年义务教育法之后,基础教育的地位得到强调,高中阶段实现了普通教育与职业教育的分轨,大学教育以四年制的本科和二年制至三年制的专科为主体。随着时代的发展,终身教育的学制特征日渐增强。

我国高等职业教育的历史在源头上是与高等专科教育的历史交织在一起的。高等职业教育同样始于清朝末年。鸦片战争后,清朝统治集团内部发生了分化,出现了以李鸿章、左宗棠、张之洞等人为代表的洋务派。他们出于抵御西方船坚炮利的需要,举办了一系列所谓的洋务事业,他们创办了我国最早的近代工业。为了培养掌握近代科学技术的技术人员和工人,开始兴办实业教育,创设了一批实业学堂，这些学堂中有一部分是培养高级技术人才的，是我国高等专科学校的鼻祖，同时它实施的是实业教育，具有职业教育的性质，因此它又是我国高等职业教育的开端。

进入 20 世纪 80 年代后，我国短期职业大学应运而生。短期职大招收高中毕业生，学制二三年，属于高专层次。由于短期职大具有紧密结合地区经济建设需要，收费、走读、不包分配、择优录用等特点，因此有较强的生命力。职业大学的蓬勃兴起，标志着我国高等职业教育第一个高潮到来，也反映出我国高等教育改革的深化。1985 年 5 月，在《中共中央关于教育体制改革的决定》中指出："发展职业技术教育要以中等职业技术教育为重点，发挥中等专业学校的骨干作用，同时积极发展高等职业技术院校，优先对口招收中等职业技术学校毕业生以及有本专业实践经验，成绩合格的在职人员入学，逐步建立起一个从初级到高级、行业配套、结构合理，又能与普通教育相互沟通的职业技术教育体系。"这一决定为我国高等职业教育的发展指明了方向。高等职业教育制度逐步建立并不断得到深化和巩固，教育规模的不断扩大，也使得高职院校师生关系成为大家关注的焦点。

第四节 高职院校师生关系的特征

现代社会师生关系是在教育活动规模化后产生的一种社会关系，包含道德关系、工作关系、心理关系、人际关系等各个方面，是师生思想交流、情感沟通、人格碰撞的互动关系。例如，从教学的角度看，师生关系是一种教与学的关系，即基于教师角色与学生角色的互动。从社会学的角度看，师生关系就是一种人与人之间的关系，即基于不同社会角色之间的互动。因此，教师除了对学生知识、能力方面的影响之外，还体现在知识、能力、思想、人格等各个方面。尤其对于青少年的成长发挥着很多潜移默化的影响。如道德和情感方面的影响，它不像知识和能力可以在课堂上进行传授，更多的是在举手投足、言行举止之间的传递和感染，这种影响甚至会影响学生的一生。而学生对于教师在知识和能力之外的表现会给予相应的反馈和评价,这是现代从事教师职业的群体面临的新的压力和挑战,也是现代师生关系区别于古代的较为显著的特征。因此现代社会倡导的师生关系主要体现为相互尊重、相互学习和相互促进,即"以学生为本"。教师在教学过程中既是知识和经验的传递者,又是学生成长的引路人,更是多元价值和文化观念的传播者;而学生既是信息的接收者,同时又是信息的评价者。

高职院校师生关系的特征,既具有和其他院校共同的普遍或一般特征,又具有由于学校类型、教育模式不同导致的独有的特点。下面主要通过现代师生关系与古代师生关系一般性与特殊性相结合的对比分析,更加全面客观掌握高职院校师生关系的特征,从而更好地指导高职教育教学实践,处理好师生关系中遇到的问题,构建高职院校的和谐师生关系。

一、一般性:由伦理关系到契约关系的转化

通过对我国不同历史阶段师生关系发展的梳理,我们看到随着历史的发展变化,师生关系逐步发生着一系列的变迁,但最核心的体现是从伦理关系到契约关系的转化,教师和学生法制观念得到强化,这也给师生关系的处理带来巨大的挑战。

中国自古以来,对教育特别看重,所以对教师也特别看重。除秦代以吏为师以外,其他朝代的"师"都是独立于父亲,独立于君主,作为一个独立的体系和系统来看待。作为传统师生关系,最恰当的描述莫过于"师徒如父子"。作为一种价值判定,"师徒如父子"是将师生关系赋予了父子自然血亲伦理关系的特征,这成为古代教师实施教育权、惩戒权的伦理基础。"一日为师,终身为父",其对于教师身份赋予了一种强制力,这样就导致了学生对教师的顺从与依赖,从而使教师获得了高于学生的伦理身份。换句话说,在古代,教师身份就是对父亲身份权利的一种伦理延续,从而为尊师重道提供有力的道德支持。师父在人伦体系中实际已演变为父子关系的扩展及延伸,所以民谚有"一日为师、终身为父"、"名虽师徒,义为父子"。

由于受重教尊师观念的影响,在传统的观念中,父亲和老师具有同等重要的意义,旧时更为普遍使用的"父师"一词,就是这种观念的典型体现。"父生之,师教之"、"一日为师,终身为父",在一个人的成长道路上,父亲有生养之恩,老师有教育之谊。"师父"的称呼,在保留了原有的传授知识或技艺的意思之外,还被灌注了更

多的情感色彩，表现了古人对老师犹如对父亲一样的感情。

中国古代是以手工业和农业生产为基本方式的宗法社会，与以畜牧业、渔业为主的游牧文明、海洋文明不同，农业文明下的农业生产涉及物种行业五花八门，五谷的种植、六畜的蓄养等不仅劳作对象差异万千，需专门技术处理，而且由此衍生出来的各类手工业工种繁多，故在我国以农耕为主的地区，有"百工"之名，"三十六行"之称，一个社会人要生存，必须具备一项谋生技能为立身之本，而技能非与生俱来之物，乃学而得之的东西。所以，自古以来，中国特别注重教育及师生关系。在中国传统中，师道是很重的一伦，五伦中的天地君亲师，师跟国家和家庭放在一体，处于第五位。五伦中的"天地"只是一个比喻对象，真正起作用的是君亲师，国家、家庭、教育三足鼎立搭建并夯实了中国传统社会生产秩序，稳定了人际关系。家庭关系是与生俱来的血缘关系，无从选择，人之天性加之后天生存的共同利益，会自然形成亲近、和谐的关系。君臣关系，是少数人对一人的关系，更集中存在于朝堂上，众臣子与帝王之间的认知差异、利害冲突。这种关系，重心鲜明，涉及当事人有限，是一种特殊的社会关系。而作为社会基本关系中一种的师徒关系则是非血缘关系中最具体的一种关系，这种关系缺少血缘关系的天然存续，没有来自威权的强制维系，是在社会生产中依照约定俗成的规则自然产生的。

在中国古代的现实生活中，文化传承还是一门手艺的传承。知识和经验的传授，主要靠年长的传给年幼的一代，特别是这样积累起来的文化知识，都得依靠老师，老师是知识的载体。在中国，教育还承担着宗教的某些功能，老师有点像传教士，他是精神传承很重要的一环，如果没有这种带有宗教感的传承，中国古代社会的秩序就会受影响。人类社会有秩序的存在，就需要有一种共同体的认同，这种共同体的认同，就得依赖于教师传授，这是中国古代的一个思路。中国古代讲师徒如父子，因为怕年轻人认识不到师道的重要，所以以最亲近，也是三纲五常中最重要的父子关系来比拟。

而现今的师生关系则随着社会发展的变迁，逐步由伦理关系演变为契约关系。双方契约的缔结是建立在通过付出较小的社会成本而获得巨大的社会利益的基础之上。尤其以教育规模化发展和学校制度的建立为标志。在高等教育领域，2007年教育部、财政部颁布的《高等学校学生勤工助学管理办法》规定，高校是指"根据国家有关规定批准设立、实施高等学历教育的全日制普通本科高等学校、高等职业学校和高等专科学校"，是大学、专门学院和高等专科学校的统称。而且我国从20

世纪90年代末开始,普通高等院校开始实施并轨,学生要接受高等教育需缴纳学费等费用,学校为学生提供教学环境、教学资源和教学服务。教育作为产品开始进入市场,并建立了相应的法律保障机制。至此,在高等教育领域教师与学生之间的契约关系逐步建立,传统的服从与被服从、管理与被管理的伦理关系发生了根本性的转变。在教师与学生的契约关系中,教育主体开始以民事主体的身份出现,高校中教师与学生之间逐步建立起平等民事主体之间的法律关系。师生关系的这种转变,要求社会和教育研究工作者重新审视教师和学生之间的关系。

在师生身份转变的同时,随着法治社会建设的深入开展,依法治校的逐步推进,高等学校的学生的法制意识和维权意识不断增强。学生缴纳学费的成本使学生在教学过程中更多地感受到自己是教育产品与教育服务的消费者,应获得消费者的权利。因此,教师与学生之间建立的契约关系对教师及教学活动提出了新的要求。教师不能仅仅按照自己的特点和知识系统去组织和设计教学,而是要按照教育消费者——学生的愿望和需求来设计教学产品,提供教育服务,要紧紧围绕满足学生的学习和成长需要来调整教育教学目标、教学管理组织等各项教育工作。学生有权提出教育服务要求,做出消费选择,使自己的教育权利得以实现,学习需要得到满足,使教师与学生权利义务均衡分配。而教师与学生相互利益的实现,必须建立在维护双方共同利益的基础上。

在现代社会,将教育定位为一项服务产业的观念已经深入人心,并逐渐进入立法层面。在国际法上,《服务贸易总协定》将教育规定在服务贸易的范围之内,许多WTO成员方也把开放教育市场列入本国的承诺表。在我国,高等教育领域已逐渐改变了完全"公立"的模式,不断推进私有资金进入教育市场领域。在这样的社会背景下,"教育"已开始具有"商品"的属性。在高等教育领域,学生缴费上学,本质上就可以看做是有偿接受"教育服务"。教师与学生间"教育服务"的有偿提供与接受在双方建立起的就是一种契约关系。

正是由于契约关系的建立,现代社会师生关系体现出以下特征:师生在教育内容上的授受关系、在人格上的平等关系和在道德上的相互促进关系。现代师生关系倡导的是一种以尊重学生人格、平等对待学生、热爱学生,同时看到学生是处于半成熟的、发展中的个体,需要的是对学生进行正确指导、严格要求的民主型的师生关系。

二、特殊性：民主、高效的"师徒"关系

虽然我们现在的职业教育是从古代演化而来的,但在古代并没有形成现代意义上的职业教育。由于职业流动性受限,因此只要在某个职业圈内对少数人进行职业教育,就可以满足学习的需要。因此,古代的职业教育一种是官场需要的官学,另一种便是零星地散布于民间的学徒制,师傅便是教师,徒弟便是学生,虽然在接受教育方面与现代社会的学校教育存在着很大的差异,但也是一种较为典型的师生关系。而且,有一些明显的特征仍然体现在现代高职院校的师生关系中,主要表现在以下几个方面。

第一,全程式教育。在古代社会,学徒要掌握一项完整的工作,学习内容要涵盖工作的各个环节。这样培养出的工匠不仅对自己的职业,而且对整个行业都要有比较全面的了解。

第二,以技能教育为中心。在古代的师徒制学习过程中,并没有独立的理论教学环节。师傅通过演示和徒弟自己操作的过程传授技能和行业规范,并通过具体实例进行说明,即以职业实践来组织教学内容。这正是现代职业教育在探索和改革过程中努力的方向。

第三,边学习边实践。在古代的师徒教育过程中坚持的原则是生产第一、学习第二。徒弟主要是在实际的生产过程中边看、边实践、边学习的,往往都要经过观察、模仿、辅助、指导下系统操作、独立工作、领会"绝活"、自我创新这个过程。这个过程的长短在很大程度上取决于师傅的态度、学生的认识水平、动手操作能力,并受举一反三、融会贯通等综合因素的影响。

第四,关系密切的师徒关系。古代学徒制早期都是父子相传,逐步过渡到师傅收养子做徒弟,最后扩大到一般的师徒关系。这样就难免保留了父子般的密切关系,而且这种关系是一种社会关系。为了保证技艺相传,限定了教育对象,使生产技术和教育受到私人限制,但在一定程度上却限制了技术的传播。

另外,由于现代教育制度的建立和教育民主化的发展,高职院校师生关系的特征在沿袭了古代师徒关系的基础上,又被注入了时代的元素,即变成了民主、高效的"师徒关系"。与古代师徒关系相比,其主要有以下不同之处。

第一,专业化教育。与古代全程式教育相比,现代高职院校教育是具有系统教

学设计、学生预先可知、可控、可选择的教学活动。高职教育是基于工作岗位群、学生自主选择的专业教育。学生从教师身上学到的不管是知识,还是实际的操作、动手技能,都是与某个专业或某种职业、某个工种密切相关的。

第二,知识与技能的系统化教学。在现代高职院校的教学中,特别强调知识与技能的统一,这也是古代师徒关系所不具有的特点。因此,高职院校的教师必须既具备扎实的基础理论知识和较高的教学水平,又具有较强的专业实践能力和丰富的实际工作经验,要做到"一专多能"。在高职教育教学过程中,原来传道、授业、解惑式的教师的角色要转变为教练型的角色。

第三,学生学习与教师指导相结合。与古代师徒关系不同,现代高职院校师生关系更多体现为学生的现场实践和教师的现场指导。而教师的指导是建立在系统知识理论和操作技能讲授和演示的基础上的,而不是靠现场观察和模仿。学生的现场学习是系统教育活动的一部分,教师会根据专业教学安排进行系统的教学设计。学生学习与教师指导相结合,学习变得高效而有目的性。

第四,互为评价主体的关系。与古代的师徒如父子不同,现代高职教育中,教师与学生之间从考核评价角度来看,体现为一种互为评价主体的关系。当然这一特点在现今的教育过程中已经普遍存在。在传统的教师评价学生学习表现的基础上,现代民主的教育氛围为学生评价教师的表现提供了平台和环境。但对于高职教师,学生不仅会对教师教学整体的表现进行评价,而且还会重点对实践教学环节即指导学生操作技能方面进行评价。因此,与普通教育相比,这就对高职院校的教师提出了更高的要求。而这一特点充分体现了现代师生关系的民主性。

[第二章]

高职院校师生关系的理论研究

第一节 教育学视阈下的师生关系研究

师生关系具有多个维度,居于核心地位的是师生在教育教学过程中产生的关系,从教育学的视阈下进行师生关系的阐述,主要研究对象是主体和主体性。主体一般是指有意识、有主观能动性的人。人作为主体,从事着改造自我、塑造自我、建构自我、发展自我的实践活动。对人的主体性的认识有多种看法,总的来说,主体性就是人发出需要的主动性、能动性和创造性,是不同于物的根本特性。在此认识的基础上,人本身的自然力、被人所掌握并进入教育活动领域的知识和能力、对实现教育目的起积极作用的情感和意志等,这多种要素有机结合而形成的复杂整体,就是教育中的主体性。[①] 目前,对师生关系中的主体和主体性的研究主要形成了以下几种具有代表性的观点。

一、单一主体说

单一主体说认为,教育活动中的主体只有一个,可以分为教师主体说和学生主体说两种对立观点。教育史上,赫尔巴特倡导"教师中心",被认为是教师主体说的代表,同时也是传统教育的代表。教师主体说强调教师在教育教学过程中占据绝对支配地位,是唯一的主体;学生是教育的对象,是教师加工、改造的对象,不具有主体地位,而是与教育内容一起作为教师活动的对象,是客体。教师主体说的哲学基础是机械唯物论,心理学基础是行为主义。卢梭、杜威等人在批判传统教育理论的过程中,针对"教师中心"提出了"学生中心",被认为是学生主体说的代表。学生主体说认为学生的发展是一种主动的过程,教师不是教学活动的主体,教师的作用

[①] 胡弼成.教育主体评议[J].大学教育科学,2008,(2).

只在于引导学生的学习兴趣,满足学生的需要;教学活动的唯一主体是学生,教师以及教学内容是被作用的对象,是客体。学生主体说的哲学基础是内因论,心理学基础倾向于人本主义。

教师主体说倾向于认为教育是通过外部控制对学生进行塑造,以社会的、成人的思想和目标来规范进而塑造学生。在看待师生关系的时候,认为教育的主体是教师,教育的客体是学生。教学过程中,学生常常被教师视为被动接受知识的容器,只能无条件地接受教师的知识传授,按部就班地执行教师的指令,教学过程由教师全权包办,采用填鸭灌输的方式进行教学。教师在课堂教学过程中,以自我为中心,以教材为中心,学生被视为教学的客体,其主体性不被认可和尊重,学习的积极性和创造性难以得到发挥。

学生主体说与教师主体说相对立,主张学生的身心发展规律在教育教学中居于支配地位,学生是教学过程的主体,教育教学活动的中心是学生。学生主体说一味强调学生的主体地位,忽视教师对教学活动的引导作用,在实践中容易产生为了体现学生主体性而造成的学生自由主义的极端现象。

从教育发展历程来看,教师主体说和学生主体说,在理论上各自存在偏颇,在实践上越来越影响教育质量,其主要原因是不能辩证地看待教师与学生在教育教学过程中的地位,对师生关系的认识采取了简单的二元对立的思维方式,把教育视为一方控制另一方的过程。实践证明,单一主体说不仅损害了学生学习的积极性和学习质量,也扭曲了教师在教育教学过程中引导作用的发挥。随着教育理论的发展,持有单一主体说的极端观点已不多见。教育是教师引导之下学生自我建构的认识活动与实践活动,如果教师是教育过程的唯一主体,教育过程便成为教师的实践过程,学生只能成为被动的客体,教育也就成为教师而非学生的发展过程。但如果一味强调学生的主体地位,忽略教师的引导作用,教育也就成为学生的自学而非师生双方共同参与的活动。单一主体说比较极端,于是产生了"主导主体说"对其修正。

二、主导主体说

主导主体说的核心观点是:教师在教育教学过程中起主导作用,学生处于主体地位。主导主体说形成于我国20世纪80年代的教学理论界,针对我国当时的教学现状,辩证地阐述了教学认识过程中教师的作用和学生的地位:"在教学过程中,教为主导是对主体的学的主导;学为主体是教主导下的主体。"[1]著名学者王策三认为,"在教学中,教师起主导作用具有客观必然性和必要性。教学的方向、内容、方法、进程、结果和质量等,都主要由教师决定和负责","但是,教却又是为'学'而存在的,否则就毫无意义;教师主导作用也必须有一个落脚点,这个落脚点只能是'学';教学所追求的目标和结果,一定要由'学'体现出来。更为重要的一点,'学'是学生自己的独立的主动的活动,教师包办代替不了"。[2] 主导主体说的内涵有两个方面:第一,学生是身心发展的主体,是教学这种特殊认识活动的能动主体,教师则是教与学这个特殊认识过程中的主导者。第二,"教学的方向、内容、方法、进程、结果和质量等,在教学的认识过程中主要由教师所决定、负责;学生这一特殊的主体,由于受其自身条件及社会客观条件的限制决定不了也负不了这个责任。教师之所以起主导作用,是因为教师受社会、国家和党的委托,'闻道'在先,而且受过专门的教育训练,教和学的方向、内容、方法、进程等他都已掌握;而学生尚未'闻道',特别是中小学生,正在发展成长时期,知识和经验还不丰富,智力和体力还不成熟,他们不可能掌握教学的方向、内容、方法等。"[3]主导主体说既论证了教师主导作用的必要性,又肯定了学生的主体地位,得到了很多学者和教育实践者的支持。

但是,也有学者从不同角度对主导主体说进行了质疑。有学者认为,主导、主体的并提不符合逻辑,如果明确一方是"主体",从符合逻辑来说,另一方应该是"客体"。主客体是哲学认识论范畴的一对相提并论的概念,就像一方是"主导",相关的另一方应该是"被导"一样。[4] 还有学者认为,主导主体说"仅仅强调了学生在教学中的主体地位,而忽视了教师在教学中的主体地位,由此导致把同一教学过程中的师生双方关系加以分裂"。[5]

---

[1] 王策三.教学认识论[M].北京:北京师范大学出版社,2002.
[2] 王策三.论教师的主导作用和学生的主体地位[J].北京师范大学学报(社科版),1983,(6).
[3] 王策三. 教学论稿[M]. 北京:人民教育出版社,1985.
[4] 李定仁,徐继存.教学论研究二十年[M].北京:人民教育出版社,2001.
[5] 丁钢."教师为主导、学生为主体"论质疑——教学主体的再认识[J].教育研究与实践,1987,(3).

三、双主体说

双主体说试图从理论上克服单一主体说的偏颇。双主体说认为在教育教学过程中,教师和学生都是主体,教学的过程是师生双方共同活动的双边过程,教师与学生的关系是一个动态发展的过程,教育过程的主体不仅包括学生,也包括教师,师生双方互为主客体。

教学是教与学矛盾运动的过程,教学过程中的师生关系应该是一个动态的转换过程,不能静止、片面地看待教学过程中的师生关系,不应该将师生主客体地位绝对化。随着教学活动的变化,矛盾的主客体会随之发生变化。教的过程中,活动以"教"为主,教师是活动的主体,学生是活动的客体;学的过程中,活动以"学"为主,学生是活动的主体,教师是活动的客体。双主体说的核心观点认为教师和学生都是教学过程的主体,师生之间的关系是"轮流主客体"。"在教学过程中,因为教师和学生都是人,所以他们之间的主客体关系是极其复杂的。(1)教师作为主体,当把学生当做他的认识或改造的对象时,学生就相应地变成了客体。如教师编写教案、组织教学时,都需要把学生当成客体去认识。(2)学生作为主体,当把教师当做他的认识对象时,教师就相应地变成了客体。"①

双主体说提出教师和学生都是教学过程的主体,突破了师生主客体地位对立的观点,对师生关系产生了很大影响。如今,在教育教学理论探讨和实践中,师生关系的主体间性为大多数人所认可,主体间性关系的提出,可以从双主体说中看到萌芽。

四、主体间性师生关系

传统哲学中并没有"主体间性"这个概念,人与物的关系无疑确定是主客体关系,人相对于物无疑是主体,人与人的关系也同样被限于主客体关系,以传统哲学为基础的师生之间自然只能形成主客体关系。现当代哲学认为,人与人的关系,特别是教师与学生的关系是主体间关系。

---

① 张启航.试论教与学的关系——再谈"教师是主导,学生是主体"[J].教育理论与实践,1989,(5).

主体间性是由现象学大师胡塞尔在晚年时期提出的。主体间性理论包括两方面含义：一方面指"主体间"的相互关系，即"自我"作为主体是否以及如何能认识另一主体，即"他我"；另一方面是指在各个主体之间存在着共同性，或共通性。主体间性是"主体与主体之间的相互性和统一性，是两个或多个个人主体的内在相关性。"①主体间性理论认为，交往的各方是平等的主体，都具有主体性。交往各方虽然各自独立，但又相互影响，主体间要形成交往与交流、对话与合作、认同与欣赏的关系，交往方式具有交互性、合作性、约束性。主体间性理论深刻影响了师生关系。

传统教育师生之间往往形成的是"主体—客体"二元对立的关系。以教师为主体的教育，强调教师是教育过程的主宰者，教学是向学生灌输知识，学生被动接受。以学生为主体的教育，重视学生自主发展，教学过程中鼓励学生自主探索、自由表现，教师对学生的活动缺少干预。教师主体说缺乏给学生提供自由发展的机会，但是学生主体说又矫枉过正，忽视了教师在教育过程中的作用发挥。"我们应该从根本上重新评价师生关系这个传统教育大厦的基石，特别当师生关系变成了一种统治者和被统治者的关系的时候。"②主体间性教育试图超越"主体—客体"二元对立的关系，形成师生之间"主体—主体"的关系，通过教育主体间的交往，在一种和谐共存的环境中促进学生的发展。主体间性教育中，师生地位是平等的，双方是交互主体的关系，师生关系具有发展性。师生之间的主体间性关系是通过对话来实现的，师生双方在课堂内外，以语言的、非语言的各种方式互相沟通、互相理解，共同构建原有的知识结构。

高等职业院校中，师生之间的关系常常变得冷漠与淡薄，除了课堂教学以外，教师与学生沟通较少，缺乏交流。师生双方要共同努力，建立主体间性教育关系，加强师生之间的交往，进行平等对话，提高对话的有效性，达到主体的理解与共识。教师需要有意识地改变视学生为教育客体的观念，消解自己的话语霸权，注意多倾听学生的声音，将话语权真正交给学生。学生也需要突破被动听从教师的传统习惯，发挥主体性，提高自我表达、积极沟通的意识和能力。师生双方在相互尊重中相互欣赏，在相互理解中共同发展，这应该成为当代师生关系追求的理想。

---

① 尹艳秋，叶绪江.主体间性教育对个人主体性教育的超越[J].教育研究，2003，(2).
② UNESCO.学会生存[M].上海：上海译文出版社，1979.

第二节 社会学视阈下的师生关系研究

从社会学的视阈来看,师生关系是现实存在于教育活动中的一种社会关系。探讨师生间的冲突和互动,转换视角看待师生双方的角色、行为模式,从而突破学校范围限制,将师生关系放入社会大环境中进行考量,对师生关系的研究是有借鉴意义的。

一、冲突论对师生关系的解析

冲突论认为社会是由各要素组成的,但各部分都在动态变化,变化是普遍存在的,部分之间会产生不平衡的状况,出现相互之间的冲突。冲突的功能是促进社会不断向前发展,但它并不否定有相对稳定的状态。社会中必然存在着强制性,必然存在着权力的斗争。师生关系如果被视为一种社会关系,其冲突本质上是一种社会冲突。从社会学的视阈来看,师生关系要突破学校这一个狭小的环境,放入社会大环境中进行观照。从社会冲突的角度看待师生冲突,有利于客观、理智地对待学校中师生冲突的现象。师生社会地位、价值观、知识拥有量、权力等方面都有不同,产生冲突是必然的、合理的。重要的是如何面对、处理冲突,这需要对冲突有客观、全面的认识。

(一)冲突的类型

刘易斯·A.科塞将冲突分为现实冲突与非现实冲突。现实冲突指的是为达到特定目标而指向冲突对象,追求没有得到满足目标的冲突,一旦达到目标就会消除冲突的根源。现实冲突的强烈程度,一方面同实现目标的可能性以及付出的成本相关,另一方面与关系的亲密程度成正比。社会系统总存在着引起现实冲突的潜在条件,人们对稀缺资源的分配会产生要求,当要求受挫或者不能实现时,现实冲突就会发生。非现实冲突是现实矛盾无法表达时发生的转移,是为释放敌对情绪而发生的冲突,因此即使目标得到满足,也难以消除冲突的潜在原因。非现实冲突的强烈程度,一方面与引起冲突的问题的不现实程度成正比,越是就不现实问题发生的冲突,感情的介入就越强烈持久;另一方面与引发冲突的问题接近核心价值观的程度以及现实冲突的持久程度成正比,越是接近核心价值观,非现实冲突越可能发生,现实冲突越是持久,越可能转移为非现实冲突。

　　师生关系中的冲突既有现实冲突,也有非现实冲突,在交往实际中,以非现实冲突为主。师生的现实冲突主要表现在教育教学过程中,教师和学生都有指向对方的特定要求。教师要求学生遵守学校教育教学规定,认真听讲、完成作业等,学生要求教师具备所期望的教学能力,尊重并平等对待自己等。这些为对方提出的要求如果不能完成,就可能引发冲突。学校中的现实冲突涉及的大多数是教育教学活动正常开展的基本内容,一般会通过各种规章制度得到规范和保障,引发正面冲突的机会并不多,即使发生冲突,在制度的保障下,冲突也会及时得到解决。与此相对,师生双方非现实冲突的发生与情绪、情感有关,双方为释放、发泄不满情绪引发冲突,带有很强的负面情绪。"把在其他互动过程中产生的攻击性能量积累起来,而在冲突的过程中释放出来,是完全可能的。"[①]在这类非现实冲突下,冲突所指的并非为未满足的目标,而是一种负面的情绪,教师将不满发泄给学生,学生将怨气指向教师,师生双方互为非现实冲突的"替罪羊"。教育教学中产生的分歧和压力,在现实中无法得到释放,就转变为非现实冲突,通过师生互相情绪上的宣泄表达出来,从而产生非现实冲突。

　　科塞提出的另一组冲突类型是初级关系中的冲突与次级关系中的冲突。科塞提出,人与人的关系越紧密,投入的感情越多,越会压抑不满。初级关系中,人与人之间关系紧密,要顾忌情感,不忍伤害对方,多压抑不满,冲突不容易爆发。但由于负面情绪聚集,一旦爆发,冲突就会异常强烈。次级关系中,人们并未投入全部的人格和个性,关系并不像初级中那么紧密,表达敌对情绪时顾虑较小,可以随时释放,因此冲突容易爆发,但是强度一般较低。学校是正式的社会组织,师生双方建立的是次级关系,感情纽带并不紧密,不满情绪产生后容易释放,双方相较于初级

---

① 乐先莲.重新审视师生冲突——功能主义冲突论的认识路径[J].江西教育科研,2007,(10).

关系,还是比较容易出现冲突的。

(二)冲突的根源

拉尔夫·达伦多夫认为,权威体系是社会冲突产生的条件。权威拥有者重视维持既有的权威结构及权威分配状态,权威服从者希望改变既有的权威现状,因此存在冲突的可能性。在学校中,教师拥有教育制度赋予的法定地位,其角色具有职业权威。同时,教师相对于学生而言,在文化资源、专业学识方面也占据相对优势,其在学生中会拥有一定的个人威望。然而随着网络的普及,信息拥有变得便捷、平等,教师在文化资源拥有方面的传统优势发生了很大变化,学生的知识获得超过教师的现象时有发生。教师作为权威拥有者的地位受到了空前挑战,学生开始试图改变教师作为权威拥有者、自己作为权威服从者的地位,师生之间容易产生冲突。

兰德尔·科林斯认为,冲突的根源主要包括三个方面:控制他人的主观愿望、资源的不平等占有、强制力量的威胁。在主观上,科林斯认为,冲突的主要根源是人们想努力控制他人的主观愿望,以便在与他人的互动中增加自己的优势。科林斯继承韦伯的观点,认为经济、权力、声望这三类资源决定人们在社会层次体系中的地位,人们希望通过这三类资源改变其地位的活动会引发冲突。强制力量也是冲突的潜在因素。掌握强制手段的人可以通过暴力威胁把自身意志强加在他人头上,而人们同时又总在努力摆脱他人强制力量的支配。教师相对于学生而言,处于社会层次体系中的较高地位,在一定程度上拥有制度赋予的强制力量,而随着学生自主意识的增强,希望改变被强制被支配的地位,追求交往中的平等,这也可能成为师生冲突的潜在原因。

(三)冲突的功能

冲突一方面会引起分裂,造成破坏性的影响,具有负面消极作用,另一方面,冲突也具有积极功效。科塞认为,冲突是社会系统运行中不可避免的现象,具有正向积极作用。他指出冲突的多项正面功能:一是促进群体内部凝聚力,冲突有利于建立和维持社会或群体的身份和边界,群体间的冲突,有利于增强群体内部的团结;二是促进稳定,僵化本身比冲突更能够对社会结构平衡造成威胁,僵化聚集敌对情绪,一旦敌对情绪在冲突中爆发,就可能使社会结构解体或崩溃,然而通过容忍冲突,将冲突制度化,是制造稳定机制的有效方式;三是促进新群体与社会的形成,冲突可以创造新的联合与联盟;四是激发新规范和制度的建立,冲突可以促进法律的修改和新规章的制定,还可以引起对潜在规则的自觉意识;第五,冲突是社会中重要的平衡机制。同时,科塞还提出了"社会安全阀"的理论,将敌对情绪引向替代对象,使社会中的敌对情绪得到排解,维护社会结构。达伦多夫认为冲突是必然存在的,不可能完全排除,简单的压制只能使冲突深藏起来,但并不是消除,相反在继续酝酿积累。当冲突压抑不住爆发出来的时候,社会由于缺乏冲突调节的途径与方法,往往会演变为暴力的形式而一发不可收拾。因此,一个组织中不管是冲突过多,还是冲突太少,甚至没有显现出来的冲突,都恰恰反映了组织是不健康的,适度的冲突对组织的生存与发展是有利的。

教育的传统观点认为师生冲突只具有负向功能,冲突是破坏性的,是应该被规避的,这种观点在我国历时久远。中国传统文化赋予教师对学生的绝对权威,社会推崇"师道尊严",强调学生对教师的"服从",师生间的冲突被认为是学生的大不敬、大逆不道。走入近代,学校依然将师生之间的冲突视为由不和谐、不成功的教育关系所致,师生冲突只具有负面作用。师生冲突会引起双方情绪对立,损害师生关系的融洽,直接影响到师生的身心健康。并且,师生冲突会干扰正常的教学秩序,不利于教学任务完成,影响教学质量。并且,师生之间发生冲突可能会引起法律纠纷,造成不良社会影响。因此,学校自然将冲突视为病态的非正常现象,想办法竭力避免,彻底根除。

教育的现代观点对师生间的冲突采取的是接纳的态度,认为冲突是常态的、具有建设作用的。师生间冲突的正向功能主要表现为以下几个方面:第一,师生冲突有利于师生关系的相互依赖和凝聚。冲突使学生有机会表达自己的看法和意见,也使得教师的意图和愿望清楚地传递给学生,双方达到了交流的目的。第二,师生冲突可以唤起学生对集体生活的参与,加深学生对学校规章制度的体验。第三,师生冲突有助于改变旧的已经过时的规则,建立新规则。第四,师生冲突能够产生解决矛盾的制度化的手段,如协商、对话、提建议等,从而避免激烈的破坏性的冲突。第五,师生冲突作为一个出气筒,及时地把师生双方内心的压抑和不满释放出来,维持良好的心理健康状态。① 因此,师生之间的冲突无法避免,也没有必要完全规避,良性的师生冲突的存在,表明学校组织和班级群体不是死水一潭,而是

---

① 王君红.师生冲突的社会学探析[J].基础教育研究,2009,(10).

富有生命力和活力的一汪活水。师生之间的冲突,关键在于分析冲突的性质,只要不涉及基本价值观和核心观念,容忍冲突并且积极面对冲突,将冲突控制在适当水平,冲突可以表现出建设性的正向功能。

二、教育互动论对师生关系的研究

教育互动论主要从互动论的理论视角来解释教育活动和教育现象,从微观层面研究师生之间的交互关系,教学过程中师生怎样建立关系,研究教师在学校中所使用概念的方法,使学生容易接受,研究教学的内容。

(一) 符号互动论对师生关系的研究

符号互动论起源于社会心理学家对"自我"的分析。哈佛的心理学家威廉·詹姆斯是第一个明确提出自我概念的社会学家,詹姆斯在其1890年写的《心理学原理》一书中提出了"自我"的概念,并认为它是多面性的,是与他人关系的产物,人们关于自我的感知源于同他人的互动。库利提出"镜中我"的概念,他认为:"人与人之间相互可以作为镜子,都能照出他面前的人的形象。"自我是以群体为背景,在互动中产生的。芝加哥乔治·米德在总结前人研究成果的基础上,首次系统地论述了符号互动论思想。他认为,有意义的意识活动都是在人际沟通或社会交往中展开的,人们具有独特的心智过程,能够用符号来表示环境中的客体。人在同他人的社会联系中对自我做出定义,形成自我概念,这是人开展各种层面的意识活动的核心,只有形成了清晰的自我概念,人才能明确意识到自己的价值、地位,才能由此出发判明自己在复杂社会关系中所扮演的角色,才能本着自己的利益、愿望对周围事物做出选择。

符合互动论在教育中的应用以英国学者哈格里夫斯的《人际关系与教育》一书为代表。符合互动论的教育研究关心的主要问题是:师生角色观念是如何形成的?师生的角色扮演与情景定义的关系如何?该书的核心概念是"自我"、"有知觉的人"和"角色",自我是一种反身性的东西,它既是主体又是客体。在互动中一个人学会像他人反应他那样来反应自己,利用别人对他的看法和评价来获得某种自我,课堂中学生对自我的认识和评价正是基于同学和老师对他的看法所致。互动中的个体都会由不同的角色构成,教师、学生、校长、父母、同学、同事等形成了一个

"角色丛",这个角色丛中的成员对我们有所期望,同样,我们也对该角色丛的其他成员有所期望:我们期望同事与学生表现某些行为与态度。为了担任某种角色,我们必须受到期望,同时也必须拥有期望。

哈格里夫斯在研究学校中的师生关系时,对教师区分归纳出三种角色:"驯狮手"、"招待者"以及"浪漫者"。对"驯狮手"型的教师来说,教育可以帮助学生从蒙昧、野蛮走向文明。教师作为知识的权威对学生的学习具有掌控权,学生必须按照教师的意愿学习教师认为有用的东西,按照教师安排的学习顺序进行学习。"招待者"型的教师则大大不同于"驯狮手"型的教师,他们采用学生乐于接受的教学方法来吸引学生的注意力,注重激发学生的学习兴趣。"招待者"型的教师与学生之间的关系非常友善,偏于非正式。"浪漫者"型的教师则从另一种观点出发,他们认为,学习是人的天性,学生本来就具有学习的内在需要。教师的角色应该定位于引导者,引导学生自由地选择他们想要学习的内容。课程由教师与学生共同进行建构,而非由教师事先单方面为学生规定好。信任是教师与学生之间关系的基石。教师的职责是引导学生学会如何学习,而非用成绩给学生贴标签。

从学生的观点来看,学校人际关系中最重要的方面是"取悦教师"。但这样做是需要策略的,一方面,学生要知道教师的需要和偏好,以便能投其所好,这样可以保证自己在学校过得愉快;另一方面,又要避免因取悦教师所需要付出的代价,如招致同学们的议论和嘲笑。

课堂中教师与学生的互动渗透着双方各自的策略和目的,表面上的和谐与实际的冲突是一种"磋商"的结果,这样的和谐是暂时的,因此,磋商要不断发生。当和谐能够掩盖实际的冲突时,课堂气氛和学习效果比较好,否则,便会出现违反课堂纪律现象,从而引起课堂混乱,使学习不能有效地进行。

(二)拟剧性互动论对师生关系的研究

法国社会学家涂尔干对教育活动和教师作用的论述,深刻影响着后来师生关系的研究。涂尔干认为人类对于儿童的教育,是一个不断施以强迫的过程,教师和儿童的父母是社会对儿童强制的代表者。相较于父母,教师施加的强制力更加制度化、更加规范,教师和学生之间是强制和被强制的关系,这种关系是社会为了实现其教育目的的需求。在《宗教生活的基本形式》、《道德教育》等后期著作中,涂尔干非常强调并解释仪式对于社会结构的影响。

戈夫曼的代表作《日常生活中的自我呈现》则提出了一个拟剧性的微观领域的研究视角。在戈夫曼看来,社会是一个大舞台,生活就是在这个舞台上上演的一幕大戏,而我们每个人都是戏中的表演者。每个表演者都想运用戈夫曼所谓的"印象管理艺术"控制对方对于自己的印象,以便呈现出一个理想的自我,即表演者想以不同方式给观众造成某种理想化印象的倾向。他提出印象管理的策略主要有四种:理想化表演、误解表演、神秘化表演、补救表演,教师要做好日常的印象管理。神秘化表演与教师权威的创建有着密切的联系,教师应与学生保持一定的社会距离,通过距离维护教师权威,从而保持教育教学与管理活动的严肃性。同时,教师也要有策略地"去神秘化",展现个性,获得学生认同。教师可以适当透露自己的想法、观点,为师生轻松交往提供基础。戈夫曼是西方第一个研究"面子"的学者,师生交往中,如果需要对学生加以惩罚,一定要审慎维护学生的前台形象,给学生留有面子。①

教育社会学中的拟剧性互动论主要源自上述两个理论。拟剧性互动论注重分析个体间秩序性的互动,其分析的基本内容包括:自我的呈现、互动的策略、印象管理的艺术、人际交往仪式的意义以及对于互动情景界定和区分等。

伍兹将涂尔干和戈夫曼的理论运用到学校和课堂的互动研究中。在《社会学与学校:一种互动论的观点》一书中,伍兹把涂尔干关于个体先接受,然后适应学校情景的观点,与默顿关于个体对社会文化目标和手段反应的分类理论联系起来,用以探究学校情景中师生互动过程。在伍兹看来,师生之间是一种典型的冲突型的互动模式,互动中的学生与教师有着截然不同的个人目的。确认、解释、推断和选择等行动的持续性维持了一种动力,在具有冲突本质的人际关系中,这种动力使人与人之间的相互作用成为最重要的因素,因为人人都试图使自己获得最大利益。因此,在学校,人们可以看到整天都存在着一次又一次的协商。

从这种冲突型师生关系的观点出发,伍兹对学生对于学校文化的适应模式进行了详细的类型学研究。他认为,在学校中始终存在着两种学生文化:亲学校文化和反学校文化。借用默顿的分类方法,伍兹根据学生是否接受学校的目标以及学校为学生提供的实现所要求目标的手段不同,将学生对于学校目标的适应分为八种不同模式:奉迎、屈从、仪式主义、机遇、逃避、开拓、不妥协和叛逆。

---

① 王晋.缩短新手教师到专家教师的成长距离——来自戈夫曼之"拟剧论"的启示[J].比较教育研究,2012,(12).

第三节　心理学视阈下的师生关系研究

师生心理关系是指教师和学生在相互交往过程中，以彼此间的认知评价为出发点，通过情感交流而形成的心理上的联系。师生心理关系是师生关系中起决定作用的因素，是师生关系的深度、亲密度、融洽性和协调性的体现。它既是师生关系形成、发展的内驱力，也是师生关系发挥作用的"功能调节器"。[1]

一、师生关系的心理学理论

（一）依恋理论

依恋是人类的本能，是个体与特定的其他人形成牢固的情感纽带的倾向，是人类社会化过程的体现。从心理学视角来看，依恋是一种成人与儿童之间正向的、积极的心理关系。儿童对成人的依恋在很大程度上由二者的交往方式决定，并且儿童对成人的依恋在很大程度上影响着儿童的认知发展、社会化程度以及对同伴关系的认知与处理。师生关系中，依恋心理会反映到安全感上，作为未成年人的学生期望从作为成年人的教师那里寻求安全感，这就是学生对教师依恋的反映。师生关系和谐融洽，学生具有安全感，学生乐于主动探索，与他人积极互动，其社会适应力较强。而师生关系紧张，学生缺乏安全感，学生在人际交往中则表现出退缩，从而进一步难以获得教师和同辈群体的积极评价，社会适应性较差，也更容易出现学习困难。

高等职业教育中的教师和学生之间，除了具有普通教育正常的师生关系，还具有职业教育师生关系的特殊性。职业教育实践教学中，学生动手操作的机会很多，

---

[1] 郑敏，姚本先.论师生心理关系的理想建构[J].扬州大学学报(高教研究版)，2005，(1).

需要教师近距离进行指导,有时候甚至是手把手地指导,师生之间在客观上具有师徒关系的特点。这种师徒交往方式,一方面会在师生之间产生不平等的心理状态,另一方面却容易让学生对教师产生依恋,有利于关系和谐。

(二)动机理论

"动机是对所有引起、支配和维持生理和心理活动的过程的概括。"①"动机是直接推动人进行活动的内部原因。动机与需要紧密联系在一起。动机是在需要的基础上产生的。"②马斯洛的需要层次理论提出,人的需要可分为生理需要、安全需要、归属与爱的需要、尊重的需要和自我实现的需要。另外还有两种需要,即求知需要和审美需要,这两种应居于尊重需求与自我实现需求之间。这些需要可归为两类:自然需要和社会需要,其中社会需要是人类所特有的高级需要,这些社会性需要是产生成就、交往等社会性动机的基础。高职学生的需要一般包括以下几种:归属与爱的需要,希望与同学、老师建立良好的感情联系,渴望在集体中获得存在感,融入团体之中;尊重的需要,希望获得良好正面的评价,获取他人的尊重;自我实现的需要,渴望发挥自己的才能和潜力,实现自己所追求的目标,以此获得成就和满足。

教师对学生的期望会在无形之中影响学生动机的产生,这种期望是一种自我实现的预言。著名的罗森塔尔效应揭示的就是由教师期望引发出的学生学习动机。美国心理学家罗森塔尔和雅各布森所著《课堂中的皮格马里翁》,其中对"教师的期待和学生的学业成绩的相关研究"的结论就是期待引发学习动机的典型案例。教师在与学生的交往中,有意无意地对学生表现出期待、鼓励的态度,学生会意识到这种期望,从而在教师关注的目光下重新对自我进行评估,提升自我期待,激发学习动机和抱负水平,从而产生罗森塔尔正效应,即教师的期望促成学生的自我实现。相反,没有得到教师期望,或者得到期望较低的学生,自我实现的成就感降低,学习动机下降,相应成绩也会下降。随着时间推移,学生的行为和成就会越来越接近教师原来表现出的期望。因此,在教育教学过程中,教师应该有意识地运用动机理论,对学生建立合理的期望,以此来促进学生的成就动机。

班杜拉提出的自我效能感是对动机理论的发展。自我效能感是指个体对自己

---

① 理查德·格里格,菲利普·津巴多.心理学与生活(第16版)[M].北京:人民邮电出版社,2003.
② 欧阳伦,王有智.新编普通心理学[M].西安:陕西师范大学出版社,1998.

是否有能力完成某一行为所进行的推测与判断。自我效能感理论认为,即便人的行为没有对自己产生强化,但由于人对行为结果所能带来的功效产生期望,可能会主动进行活动。自我效能感可以决定人们对活动的选择及对活动的坚持,会影响人们在困难面前的态度,同时影响活动时的情绪。自我效能感形成的重要因素是来自环境的支持。积极的师生关系会满足学生爱和自尊的需要,提高学生学习的内部动机,提高学生自我效能感;而充满冲突的师生关系会影响学生的自我效能感,降低学生成就动机。

(三)社会生态理论

社会生态理论认为,个体的心理活动一方面受自身内在因素的影响,另一方面受其所生活的环境因素影响,处于一个有机联系的复杂的系统中。"Howes(1994)等的研究表明:教师在学生同伴交往中发挥的积极作用(提供言语和肢体语言的帮助)使学前儿童更可能被他们的同伴接纳。而一年级的学生可以通过教师对不同学生的行为反馈来推断儿童的能力。教师反馈时富有情感的腔调也会影响儿童对同伴能力的推断。Birch(1997)的研究进一步表明:学生对同伴和教师关系的观点和教师自己的评定具有高度的一致性。"①

教师和学生之间的关系会影响到学生同辈群体的关系和交往行为。师生关系融洽,教师对学生持以正向积极的支持态度,学生更为被同辈群体接纳。而师生关系紧张,教师对学生关爱性低、控制性强,这种态度会潜移默化地影响到学生同辈群体对其的态度和行为。

二、师生间相互态度的研究

"态度是指人们对一定对象相对稳定、内部制约化的心理反应倾向。"②态度是一种特殊的心理过程,研究教师和学生的态度是心理学视阈下师生关系研究的重要内容。"师生间对对方角色的理解及采取的态度是影响师生关系的重要因素。"③师生间的态度由认知、情感和行为三个方面的要素构成。认知表现在对态

---

① 王俊文.师生关系心理学研究述评[J].湖北经济学院学报(人文社会科学版),2007,(2).
② 沙莲香.社会心理学[M].北京:中国人民大学出版社,2002.
③ 王俊文.师生关系心理学研究述评[J].湖北经济学院学报(人文社会科学版),2007,(2).

度对象的评价和判断上,师生对对方的评价是积极的、肯定的,才会形成积极的、肯定的态度。情感可以对态度对象起人际距离调整作用,如师生对对方喜欢或不喜欢等。行为是对态度对象在行动上的反应,如师生对对方接近或者疏远、拥护或者反对。

教师对学生的态度在很大程度上影响着师生关系,学生受教师的评价影响很大,这种评价往往通过语言暗示、表情等反映出来。教师如果偏爱优秀学生、忽视中间学生、厌恶后进生,就会使学生与教师产生不同的距离。学生对教师的态度也会通过直接或间接的方式影响着师生关系,多项实证研究表明,学生"与教师关系好就喜欢上这个老师的课,主动亲近老师;自认为教师瞧不起自己,就会主动疏远老师"。[①]

学生对教师的态度有独立的评价标准,曾有学者对 47 000 名学生进行调查分析,归纳出有效能教师具有如下特征:合作民主、仁慈体谅、能忍耐、兴趣广泛、和蔼可亲、公正、有幽默感、言行稳定一致、有兴趣研究学生问题、处世有伸缩性、了解学生并给予其鼓励、精通教学技能;无效能教师有如下特征:坏脾气无耐心、不公平偏爱、不愿意帮助学生、狭隘且对学生要求不合理、忧郁不和善、讽刺挖苦学生、外表讨厌、顽固、啰嗦不停、言行霸道、骄傲自负、无幽默感。[②]

三、师生关系的心理结构

师生间的人际交往包括三种心理成分——认知成分、情感成分、行为成分。[③] 每种心理成分会形成相应的评价,共同构成师生关系的心理结构。

(一) 认知

对认知成分的评价,是指教师和学生对自身、对方以及相互关系所给予的评价,重点在于对彼此的认识。师生之间客观、公正地认识并且评价对方,是形成和谐、健康师生关系的心理基础。相较于普通院校,在高职院校中,师生对彼此的认知比较复杂。教师除了要对学生的学业成绩、思想品德、学习态度进行认知评价,

---

① 全国十二所重点师范大学联合编写.教育学基础[M].北京:教育科学出版社.2002.
② 同上。
③ 肖世民.教育过程中人际交往结构初探[J].唐都学刊,1996,(1).

还需要对学生的职业知识、职业技能以及职业态度有一个客观的认识。与此相对应，学生对教师的评价也不局限于专业知识、专业能力和教学态度，对教师的知识更新程度、职业技能、实践操作能力等方面会更加重视。目前，高职院校师生互相的认知评价都存在一些问题。教师往往还是以普通教育的课程观进行教学，对学生的评价采用普通教育学业成就的标准，认为学生是高考的"失败者"，学习方面都是"差生"；教师忽视对学生职业能力的考核，缺乏对高职学生有针对性的客观评价。学生则普遍认为高职教师知识陈旧，不符合社会实际工作岗位需要，职业技能较差，难以指导实践教学。师生对彼此的认知有一部分是客观公正的，但也有一部分存在偏差，这会对良好师生关系心理基础的建立产生消极影响。

高职教师应该树立正确的学生能力观，充分认识到职业教育是一种教育类型，而非教育层次，高职学生具备自己的特点。根据加德纳的多元智能理论，学生拥有多种智能，不同的学生其智能分布和组合不同，这种差异性是一种宝贵的教育资源。教师不该用一种狭隘的智能观来评价学生，将学生能力只限于语言和逻辑能力。一方面，教师应该全面客观地认识学生，重新定位自己的教学观，为学生发挥自己的能力铺路搭桥。另一方面，教师也应该加强自身知识更新和提高职业技能，具备"双师型"教师所要求的素质，能够真正在实践教学方面指导学生。

(二) 情感

情感是对客观事物是否符合人的需要、愿望及观点而产生的体验，是人对客观事物与人的需要之间关系的反映。情感是师生关系最直接的心理体验。如果师生情感交流充分，相互信赖，归属与爱的需要、尊重的需要可以得到满足，师生双方都会从交往中获得正向积极的心理感受。

高等职业教育突出实践教学，课内外实训是师生情感交流的有效机会。教师和学生应当充分利用实习实践的机会，加强沟通交流，增进彼此的信任感和亲近感，缩小心理距离，建立起互敬互爱的师生关系。

(三) 行为

心理关系最终是通过外化的行为来表现。师生间的交往分为正式交往和非正式交往。前者主要发生在教学过程中，主要有专横式、放任式和民主式三种形式。从美国心理学家利皮特和怀特的实验研究来看，只有在民主交往方式中才能形成融洽的心理关系,而仅靠正式交往来建立理想的师生心理关系还远远不够。在教学活动之外进行的非正式交往,尤其是高职院校教师对学生的言传身教、示范性交往等亦具有举足轻重的作用。① 教师和学生需要积极通过课堂教学和实践教学进行正式交往,尤其是实践教学需要教师进行示范、指导,使交往行动更加充分。教学之外的非正式交往对建立正向的师生心理关系也非常重要。教师要对学生的生活多加留意,关心学生在人际交往、就业等方面的困惑,与学生进行主动、充分的交流,有利于形成亦师亦友的关系。

第四节 法学视阈下的师生关系研究

一、师生法律关系的性质

师生法律关系具有多重性,不同法律对处于不同身份地位的师生之间的关系进行规范,师生法律关系因此需要从全方位来解读。

(一)师生宪法法律关系

宪法是国家的根本法,具有最高的法律效力。师生法律关系的最高层次、最基本性质是由宪法规定的。《中华人民共和国宪法》(以下简称《宪法》)第三十三条第二款规定:中华人民共和国公民在法律面前一律平等。任何公民享有宪法和法律规定的权利,同时必须履行宪法和法律规定的义务。师生间的宪法法律关系规定了教师和学生都是中华人民共和国的平等公民,拥有一律平等的公民权,平等享有公民权利,同时履行公民义务。教师和学生应该尊重对方作为公民的基本权利,教师和学生都不得以任何理由侵犯对方享有的宪法赋予的权利,也不得妨碍对方履行宪法规定的义务。

---

① 冯会敏,陈平辉.高职院校师生心理关系浅析[J].教育教学论坛,2012,(28).

《宪法》第四十六条第一款规定：中华人民共和国公民有受教育的权利和义务。由此可知，接受教育是宪法赋予公民的一项基本权利，同时，接受教育也是公民应该履行的一项基本义务。

（二）师生民事法律关系

依据《宪法》规定，教师和学生都是中华人民共和国公民，拥有一律平等的公民权，因此，教师和学生还具有民法法律关系。根据《中华人民共和国民法通则》来看，民法是调整平等主体的公民之间、法人之间、公民和法人之间的人身关系和财产关系的法律规范的总称。从民法规定的主体来看，师生双方属于平等的民事主体，平等享有民法规定的各项民事权利，同时必须履行民法规定的各项民事义务。师生双方不得侵犯对方的财产所有权、债券、人身权、知识产权、财产继承权这些民事权利。师生双方如果侵犯到对方的民事权利，必须依法承担民事法律责任。

（三）师生刑事法律关系

刑法是规定刑罚、犯罪、刑事责任的法律。依据《中华人民共和国刑法》规定，如果教师和学生之间发生了刑事犯罪行为，师生就产生了刑事法律关系。

（四）师生教育法律关系

师生法律关系中，最重要的关系是教育法律关系。教育法是依据宪法的指导思想和立法依据，对宪法中有关教育内容的具体化，《中华人民共和国教育法》（以下简称《教育法》）第四条规定：凡具有中华人民共和国国籍的适龄儿童、少年，不分性别、民族、种族、家庭财产状况、宗教信仰等，依法享有平等接受义务教育的权利，并履行接受义务教育的义务。

（五）师生行政法律关系

师生行政法律关系指的是师生之间具有特殊的行政管理性，行政法律关系表现出主体的不对等性。一般来说，学校不属于行政机关，不行使行政管理职权，也没有行政处罚权，不具备行政管理主体的属性。但教育管理实践中，为了方便管理，《教育法》、《中华人民共和国高等教育法》、《中华人民共和国教师法》（以下简称《教师法》）等明确将行政机关的部分教育行政管理权授予学校，尤其是高等院校，使原本属于事业单位的学校具备了部分行政管理职权,从而使师生之间现实地存在着管理与被管理的关系,主要体现在学校和教师对学生具有管理权利,集中于纪律处分、学籍管理、颁发学业证书等方面。

二、师生的法律地位

教师和学生都是具有双重身份的人。一方面,教师和学生都具有中华人民共和国国籍,都是中国公民。另一方面,由于身份的特殊性,教师和学生除了作为普通公民外,还具有法律所规定的特殊的法律地位。

(一) 教师的法律地位

教师的法律地位是指由法律所确认的教师的社会地位。《教师法》第三条规定,"教师是履行教育教学职责的专业人员,承担教书育人,培养社会主义事业建设者和接班人、提高民族素质的使命"。这一规定从法律高度确认了教师属于专业人员,教师职业具有专业性,教师的主要任务是教育教学。

(二) 学生的法律地位

"学生的法律地位因其不同的身份而具有不同的内容和特点。"[①]首先,学生是社会的普通成员,其最基本的身份是国家公民,其法律地位由《宪法》、民法及其他法律、法规所规定。其次,学生作为学校组织中的成员,除了具有普通公民的法律地位,还具有《教育法》、《中华人民共和国义务教育法》等相关教育的法律所规定的法律地位,即"受教育者"。最后,大多数中小学生未满十八周岁,属于"未成年人",这些学生不同于已满十八周岁的学生,其具有《未成年人保护法》等法律规定的法律地位。

三、师生的权利与义务

(一) 教师的权利和义务

教师在教育法律体系中拥有的权利和义务,是教师作为法律规定的教育者所

---

① 劳凯声.变革社会中的教育权与受教育权:教育法学基本问题研究[M].北京:教育科学出版社,2003.

享有的职业方面的权利和应该履行的职业方面的义务,是基于教育教学活动产生的,并非是教师作为普通公民所享有的权利和义务。教师在教育法律体系中拥有的权利和义务在《教师法》中有明确规定。

依照《教师法》第二章规定,教师享有下列权利:(1)进行教育教学活动,开展教育教学改革和实验;(2)从事科学研究、学术交流,参加专业的学术团体,在学术活动中充分发表意见;(3)指导学生的学习和发展,评定学生的品行和学业成绩;(4)按时获取工资报酬,享受国家规定的福利待遇以及寒暑假期的带薪休假;(5)对学校教育教学、管理工作和教育行政部门的工作提出意见和建议,通过教职工代表大会或者其他形式,参与学校的民主管理;(6)参加进修或者其他方式的培训。同时,教师应当履行下列义务:(1)遵守宪法、法律和职业道德,为人师表;(2)贯彻国家的教育方针,遵守规章制度,执行学校的教学计划,履行教师聘约,完成教育教学工作任务;(3)对学生进行宪法所确定的基本原则的教育和爱国主义、民族团结的教育,法制教育以及思想品德、文化、科学技术教育,组织、带领学生开展有益的社会活动;(4)关心、爱护全体学生,尊重学生人格,促进学生在品德、智力、体质等方面全面发展;(5)制止有害于学生的行为或者其他侵犯学生合法权益的行为,批评和抵制有害于学生健康成长的现象;(6)不断提高思想政治觉悟和教育教学业务水平。

(二)学生的权利和义务

学生在教育法律体系中拥有的权利和义务,主要是从学生作为教育组织中的受教育者这一身份出发所享有的权利和应该履行的义务,并非是学生作为普通公民所享有的权利和义务。学生在教育法律体系中拥有的权利和义务在《教育法》中有明确规定。

依照《教育法》第五章规定,受教育者享有下列权利:(1)参加教育教学计划安排的各种活动,使用教育教学设施、设备、图书资料;(2)按照国家有关规定获得奖学金、贷学金、助学金;(3)在学业成绩和品行上获得公正评价,完成规定的学业后获得相应的学业证书、学位证书;(4)对学校给予的处分不服向有关部门提出申诉,对学校、教师侵犯其人身权、财产权等合法权益,提出申诉或者依法提起诉讼;(5)法律、法规规定的其他权利。同时,受教育者应当履行下列义务:(1)遵守法律、法规;(2)遵守学生行为规范,尊敬师长,养成良好的思想品德和行为习惯;

(3)努力学习,完成规定的学习任务;(4)遵守所在学校或者其他教育机构的管理制度。

(三)师生权利和义务之间的关系

1. 权利和义务的统一性

教师和学生依法享有权利,同时也必须依法履行义务。有些内容,对教师和学生自身而言,既是权利,也是义务。对教师而言,进行教育教学活动,既是教师的权利,也是教师的义务;指导、促进学生的发展,既是教师的权利,也是教师的义务;参加进修培训,提高教育教学业务水平,既是教师的权利,也是教师的义务。对学生而言,参加教育教学活动,完成学习任务,既是学生的权利,也是学生的义务。

2. 权利和义务的相对性

教师和学生自身所享有的某些权利,于对方而言则是义务,自身所应该履行的义务,于对方而言则是权利。教师享有管理学生的权利,这对于学生而言,则表现为遵守学校管理制度的义务;学生享有在学业成绩和品行上获得公正评价的权利,这对于教师而言,则表现为给予学生公正评价的义务;学生有遵守行为规范、尊敬师长的义务,这对于教师而言,表现为教师享有受到学生尊重的权利。

3. 教师惩戒权问题

在教育教学活动中,教师常对学生施以惩戒,这是教师对学生进行教育、管理的方法之一,惩戒权是教师的一种职业权利。惩戒权实施不当会引起师生矛盾冲突,严重者甚至导致师生间产生民事、刑事法律关系。因此,惩戒权在行使的过程中必须合情合法。

惩戒的主体必须合法,我国法律法规明确指出教师只有管理学生的权力,但是没有处分学生的权力。惩戒权的行使对象必须是学生的越轨行为,而非学生个人或者人格、身心。惩戒的目的是教育学生,戒除不符合规范的行为,促进合乎规范行为的产生。教师行使惩戒的越轨行为必须是违反一定规定的,具有破坏性的,由学生自身的过错造成的个体行为,并非学生所有的错误行为都可以行使惩戒权。教师在行使惩戒权的时候不能毫无限制,惩戒必须具有教育性,惩戒要尊重学生的人格,应该合理公正。教师在行使惩戒权的时候,要对事不对人,惩戒本身不是目的,教育才是目的。如果滥用教师惩戒权,对学生实行带有个人感情色彩的极端惩戒行为,会使师生关系紧张甚至触犯法律。

　　教师侵权行为是师生关系的大敌。教师无视《宪法》、《教育法》等规定的学生权利,任意侵占学生上课时间、随意停课、变相要求学生退学等,侵犯学生受教育权利;教师滥用惩戒权,体罚、辱骂学生,侵害学生身体心理健康等情况也屡有发生。教师违法与侵权行为直接造成了师生关系的不平等,导致教育教学行为失范,破坏师生和谐关系。因此,需要依法规范、调整师生关系。第一,需要在思想上转变观念,树立合法对待师生权利、义务的观念。在法律原则下,师生关系是权利与义务一致的平等关系,师生双方要尊重对方的合法权利,不得侵犯和妨碍对方权利和权益的正当行使和享有,同时要正当行使自身权利,履行好自己的义务。第二,师生交往行为要合法合理。教师要在法律框架内行使对学生的教育权和管理权,不可言行不当、惩戒过度,并且注意要用合法的程序。

[第三章]

西方发达国家高职院校师生关系研究

第一节 西方高等职业教育发展概况

一、萌芽时期

西方高等职业教育萌芽于古代,那时高职教育主要处于附属地位,并没有明确提出"高等职业教育"的概念,但早期的学徒制和许多教育培训机构中已经具备了高等职业教育的特征。学徒制是职业教育最古老和最重要的形式之一,主要通过师傅带徒弟或上辈传下辈的方式进行,由一名经验丰富的老师傅(或长辈)帮带一名或几名学徒(或下辈),通过传授、示范、练习、检查、反馈等一系列过程提高学徒的专项工作技能。随着社会的不断发展,各类职业有了更细致、更明确的划分,便出现了行业保护组织——行会,它是商人和手工业者为保护行业利益而建立的一种互助合作组织,行会不仅行使对其成员生产生活规范的管理、监督及教育的职能,而且还担负着行会新成员的培训、考核职能,这样,职业培训的广度、深度逐渐得到拓展。

德国早期的行会培训教育中就有"学徒—帮工—师傅"的三级教育培训层次,学徒期结束通过考试达到满师或授予手工业者资格,学徒满师后经历若干年的帮工期,最后通过师傅考试,获得师傅资格,在最高级的教育层次中即蕴涵高等职业教育的元素。法国的职业教育起步较晚,除了以行会为基础的学徒制外,法国王室与私人均创办过职业学校,培养专门的职业技术人才。如王室革伯兰工厂办学校收学徒,学校在"现场"传授知识和技艺,招收学徒,与工厂签订契约,学习免费,学成后为工厂工作一定年限;巴黎还成立王室免费制图学校,传授几何、制图等各种职业领域所需的知识和技能。同时,高等职业技术教育机构(包括土木学校、矿山学校、工兵测量学校)也随之产生。对西方教育史的考察结果表明,除行会外,教会及其他教育培训机构中的职业教育从教育形式、教育内容、教育手段等方面来看也类似于后来的高等职业教育。

这一时期,社会经济发展还不需要如此多的高技能、专门型人才,职业分类也不够细致,举办正规高等职业教育机构的条件还不成熟,因此,尚未出现正规的高等职业院校。行会、教会及部分教育机构中所实施的教育具有高等职业教育的特质,但它们开展的教育是为了适应当时社会发展的需要,是自发、无意识实施的,其办学的主要目的不是进行高职教育,高职教育只是附属于其他教育形式而存在。因此,这一时期,高职教育所表现出来的特点是零散、不成系统和不正规,高等职业教育尚处于萌芽阶段。

二、初步发展阶段

随着工业革命的推进,社会经济发展对生产者的质和量提出了新的要求,要求他们不仅要熟练掌握机器的使用和维修,还要掌握机器生产的科学原理,高等职业教育进入初步发展时期。18世纪末,普鲁士出现了工业与技术学校,19世纪20年代至30年代得到了大规模地发展。19世纪初,普鲁士的教育政策深受新人文主义者的影响。新人文主义者反对启蒙教育学的功利主义,拒绝将普通教育与职业训练混合在一起的实科学校;他们主张将普通教育与职业教育严格划分开来,国民应当在完成普通教育之后再接受职业教育,而后者属于国家经济部门的事务。在这种背景下,1820年普鲁士商工部从文化教育部接管了工业学校。在商工部的推动下,一批以培养技术精英为宗旨的工业学校在普鲁士各城镇建立。工业学校有一年制及两年制工业学校,招收国民学校的毕业生,开设制图、几何、算术、博物学等课程,其中著名的学校有1821年成立的柏林工业学校。工业学校种类繁多、形式各异,按产业部门划分可以分为农业渔业部门、矿山工业部门、商业交通部门、家政学校、军事和自由职业学校五大类。

美国独立后,社会经济稳步发展,随着工厂制的兴起,生产过程被分解为一系列的工作岗位,学徒制度逐渐解体,但培训熟练的机械工和技工的问题却越来越突出。保养、维修和使用机器离不开机械工,而机械工和技工为了提高技术水平和改善经济条件也要求接受更多的教育。在这种趋势下,机械讲习所制度逐渐在美国形成并迅速推广,讲习所以提高技术为目的,并注重科学知识的学习。在广泛开办讲习所的基础上,美国一些地区开始建立起相当于高等教育阶段的技术人员培养机构,现代高等职业教育制度初现端倪。1824年开办了伦塞勒学校(该校后来成为美国最早的工科大学),这类教育机构虽然以培养技术员为目标,但只是在不降低其学术水准的原则下,适当地教授一些生产经验。因此,学生的实际操作技能很差,无法适应生产部门的需要。当时的农业学校也只讲书本知识,不重视生产实践与实际应用,因此受到了社会的批判。

　　法国资产阶级大革命破坏了旧的教育制度,在以后的时间内重新建立了新的教育制度。1792年,康多塞等5人组成的公共教育委员会提交了《康多塞国民教育组织计划纲要》,明确体现了教育平等、世俗化和自由的特点,并提出科学教育要有利于各种职业教育,同时也要重视具有职业教育特点的普通教育;专门学校属于高等教育范畴,要为社会培养各种专门人才。在粉碎第一次反法同盟、大资产阶级执政稳定后,法国取消行会制度,与行会相适应的学徒制失去了存在的依据和基础。随后,国民公会开始创建著名的巴黎理工学校、巴黎高等商科学校、巴黎陆桥学校及其他军事院校、矿山学校、船舶学校等一批高等科技专门学校,这些学校教授几何、制图、外语及机器使用技能和制造原理等课程,理论实践并重,培养高级专业技术人才。

　　由此可见,随着工业化程度的不断提高,工业革命带来了高等职业教育正规院校的建立,职业技术教育的内容从手工工艺的传授转变为工艺原理的教学和操作技能的训练,出现了以传授科学原理为主要特征的现代型职业技术教育。但此时学校规模较小,随意性很强,没有完善的教育制度和体系,职业教育在很大程度上带有浓厚的职工培训的色彩,同时,各国职业技术教育的发展差异较大。

三、制度化阶段

　　工业革命后,虽然西方职业教育有了很大发展,但是各国一直存在重文轻理、重学轻术的倾向,职业教育始终受到歧视和压迫。第一次世界大战之后,西方各国意识到职业教育对于复兴经济和重振工业的推动作用,加上刚从战场上退下来的知识分子的推动,高职教育发展进入制度化阶段,各国通过相关的法律保障职业教育的发展。法国政府颁布了《技术、工业、商业教育组织法》,即《阿斯蒂埃法》,该法案确定了法国职业技术教育的基本框架,职业技术教育被纳入教育体系,成为正规教育制度的有机组成部分,职业教育的法律地位从此确立,法案具有深远的意义,被称为"技术教育的宪章"。该法案的内容主要包括:由国家代替个人承担职业教育的任务;规定全国每一市镇设立一所职业学校,经费由国家和雇主各承担一半;要求18岁以下的青年有接受免费职业教育的义务;规定职业技术教育的主要内容,对学习期满的学生,授予职业能力证书。[①] 在《阿斯蒂埃法》的推动下,法国逐渐形成了初等、中等、高等三个阶段的职业技术教育体系,创办了工艺院、国立工艺技师学校等高等职业教育机构。

早在19世纪,美国就发展了高等工业教育,1824年创办了伦塞勒综合技术学院,1865年创立了麻省理工学院,1862年《莫雷尔法》的颁布,极大地促进了美国农业和工程职业教育的发展。1917年,在史密斯、休斯等人的强烈呼吁与推动下,美国国会颁布了《史密斯—休斯法》,该法授权联邦政府为促进各州职业技术教育的发展提供财政拨款,开办提供农业、工业、商业、家政等教育的高等职业学校,对职业教育师资培训机构提供补助,推动各州职业技术教育的迅速发展。《史密斯—休斯法》的颁布和实施有效推动了美国职业技术教育的发展,自此,美国职业教育的发展摆脱了行业自发的行为,而成为一种联邦政府与各州合作、共建的政府行为。由于联邦的大力支持,各州陆续兴建农工学院、社区学院,1862年美国培养高级技术人才的院校仅有4所,但到1916年,在农工学院就读的学生人数已达到约135,000名,占全国高等院校学生总数的1/3。在农工学院继续发展的同时,两年制的社区学院也开始崛起。此类学院仿照综合中学的基本精神,为一般对工艺和商业有特殊兴趣的年轻人和失业的成年人提供教育服务。社区学院的学费很低,入学条件也非常宽松,基本是开放式入学,开设的科目丰富多样且结合实际。截至1940年,美国全国已有217所社区学院。农工学院和社区学院是美国从具体国情出发而创办的高等职业教育机构。这两类院校不仅在当时为美国工农业发展提供了大批适用人才,同时也为之后美国高等职业教育的繁荣发展创造了先机。

虽然英国最早开展工业革命,但英国的高等职业教育发展相对缓慢,从19世纪中期开始,政府开始逐渐干预职业教育,但此时政府对职业教育的投资较少,尚未建立公办职业学校,只是利用民间办学力量发展高职教育。19世纪末,日益发展的工业、农业和商业等部门对高级技能人才的要求渐趋旺盛,为了促进职业教育

---

① 吴式颖.外国教育史教程[M].北京:人民教育出版社,2010.

的发展,1887年,英国成立了国家技术教育促进会,在考察欧美各国职业教育的基础上提出了考察报告。根据考察报告的建议,1889年,英国议会颁布了《技术教育法》,法案将职业教育纳入学制;在地方设立了技术教育委员会,对职业教育进行管理;同时,各地有权征收职业教育税,用于发展职业教育。自此,职业教育制度正式在英国确立,政府对职业技术教育的支持力度也日益加大,20世纪初,职业技术学院逐渐在各地兴办,英国高等职业教育进入快速发展时期。

19世纪30年代,为了让接受国民学校教育的劳动青年及处于学徒期的青少年接受职业教育,职业补习学校逐渐在德国建立。补习学校主要是作为国民学校的延续,最初是非义务的,随着人们逐渐认识到学校教育对青少年发展及社会稳定的重要意义,补习学校在各地逐步变成义务性的、职业性的学校教育。为了将职业教育深入推进,1919年魏玛共和国制定的《魏玛宪法》第145条规定:"确定普通义务教育年限:至少八年制国民学校毕业并在此基础上进入补习学校学习到十八岁止。国民学校和补习学校的教学和教材一律免费。"[1]为了进一步落实《魏玛宪法》的规定,1920年6月,帝国学校委员会在柏林举行会议,会议将补习学校改名为"职业学校",以此表明此类学校所肩负的与普通学校相区别的特殊教育任务。1923年,普鲁士通过了《延长职业学校(补习学校)义务年限的法律》,开始对所有年满18岁的青年实行职业义务教育,之后,其他各州也纷纷效仿。到魏玛共和国末期,全德有2/3的义务职业学校教育年龄阶段的青年学习了相应的职业课程。

这一时期,各国逐渐认识到职业教育在促进国家社会发展中的重要地位和作用,许多国家通过立法将高等职业技术教育纳入正规教育体系,成为正规教育制度的一部分,同时,职业教育机构分层、分类更细,各类院校人才培养目标更为明确。

四、快速发展阶段

第二次世界大战结束后,世界开始进入相对和平的历史时期,为培养经济建设和社会发展急需的科技人才,以便在世界竞争中取得优势,各国纷纷将改革焦点投向教育,高等职业教育发展迎来了黄金时期。

美国国会通过了《职业教育法》、《国防教育法》、《退伍军人法》等一系列法案,

---

[1] 瞿葆奎.教育学文集——联邦德国教育改革[M].北京:人民教育出版社,1991.

按照《国防教育法》的规定,联邦政府开始对从初等教育到研究生阶段的各级各类学校进行财政援助,旨在加强"天才教育"和职业教育。该法案要求地区推行职业教育计划,集中力量加强技术教育。该计划具体着眼于以下目标:(1)为不能胜任工作的居民设立开放的职业训练机构;(2)根据国防的需要,对给予科学技术发展有影响的领域的职业训练以经费补助;(3)有计划地对青年、成年、高龄者开办职业训练、技术训练、再训练,包括为徒工讲授有关科目,使之成为科学技术领域的专门人才或熟练工人;(4)设立地区职业教育机构。法案注重国家急需的各种科技人才的培养,积极推行地区职业教育计划,极大地推动了美国职业教育的发展。① 1963 年提出并经国会颁布了《职业教育法》,该法案是第二次世界大战后联邦政府颁布的最重要的职业教育法律文件,它将职业教育对象的范围扩大到各年龄阶段的人群——继续再读的人,完成或中断正规教育准备进入劳动力市场的人,已经进入劳动力市场但需要提高技术或学习新技术的人,具有特殊教育需求的人,使各类人群都能获得接受职业训练或再训练的机会。该法案重新确立了美国职业教育的目标,打破了以往职业教育拘泥于几个十分狭窄的职业领域的局限,并对希望入学者给予津贴。这一时期,美国社区学院逐渐成为高职教育的主要基地,社区学院发展迅猛,注册人数大大增加。到 20 世纪末,美国社区学院达到 1000 多所,每年有约 1000 多万学生就读,社区学院的学生占美国大学生总数的 40% 以上,新生占美国大学新生总数的 50%。

  法国公布了《教育改革法》、《技术教育指导法》、《教育方针法》、《萨瓦里法》等改革法案,在高等教育机构中开辟了各种类型的短期或长期职业技术教育机构,成立了高级技术员班、大学职业学院、短期技术大学、大学工程师学校、互联网大学等高等职业技术教育机构,采取多种措施促进职业技术教育地位的提高和高等职业教育的发展。高级技术员班的目标就是培养高级技术员,其开办地点多设在条件较好的技术高中内,学制规定为 2 年。从性质上看,高级技术员培训班属于短期高等教育,能利用中学的教育资源,利用中学和当地政府、社会及企业界联系紧密的优势,培养当地所需的高级专业技术人才。学习合格者,获国家高级技术员证书(BTS)。法律规定,BTS 是高等教育证书,和大学及其他高等教育机构颁发的两年制高等教育文凭具有同等的水平和效力。大学职业学院是法国重要的高等职业技

---

  ① 滕大春.外国教育通史[M].济南:山东教育出版社,2005.

术教育机构,其目的是通过发展长期高等职业技术教育,参与经济建设急需的工程技术人员的培养,增加青年就业机会,加强同企业和地方的联系,同时加强大学本身的竞争能力。大学职业学院设在大学内,学制3年,招生对象为完成大学一年级学习任务的学生或取得大学技术学院毕业文凭或高级技术员证书、具有一定实际工作经验者。

德国颁布了《联邦德国职业教育法》、《手工业条例》、《职业学院法》等法律法规,《职业学院法》规定,职业学院从事科学性及实践性的职业教育。它服务于继续教育,并参与继续教育的教学活动……职业学院属于高等教育范畴;对于高等专科学校及综合性大学学生的学习是一种选择;与高等院校和其他的教育机构合作。[①] 自1972年联邦德国创立了巴登—符腾堡州职业学院以来,柏林、萨克森、石勒苏益格—荷尔斯泰因等9州也相继成立了30多所职业学院。其中,巴登,符腾堡州的职业学院规模最大,该州共有9个职业学院和2个分院。职业学院是一种政府与企业合作举办的,借鉴"双元制"教育模式开展的高等职业教育形式,即一种同时在企业和州立学校进行的双元、交叉式的,强调科学性和实践性的高等职业教育。职业学院的培养目标是通过州立学院和教育企业或社会事业机构的合作,培养符合企业和社会机构所要求的工程师、经济师和社会教育职业的应用型职业高级人才。通过理论教学和企业或社会事业机构培训,使学生具备宽而深的理论基础、深入的实践经验、工作技术和方法上的经验和能力、整体联想的思维结构、综合技能、团队行为方式。通常,学生在3年的学习期间,与企业或社会机构签订教育合同,企业培训与学校教学每3个月轮换交替。

英国采取了许多措施大力发展高等职业教育。1944年,英国政府颁布了《1944年教育法》,以法律的形式确立了职业教育在整个教育体系中的地位,并提出对完成义务教育而不能升学的青年提供职业教育。1956年,英国政府发布了《技术教育白皮书》,提出了较为具体的高等职业技术教育改革方案,首先是根据培养对象的不同,将继续教育机构中承担职业教育的机构分为地方学院、区域学院、地区学院和高级工程技术学院四种类型,分别承担培养高级技术员和熟练工人的任务,使之成为职业技术教育的主体;其次是扩大职业技术教育的规模,在条件成熟的地方增加职业学院的数量;最后是在技术学院开设高级技术课程,增加职业技

---

① 孙祖复,金锵. 德国职业技术教育史[M]. 杭州:浙江教育出版社. 2000.

能教学内容,并采用全日制与非全日制相结合的措施开发"三明治"高级技术课程。1963年发布了《罗宾斯高等教育报告》,报告探讨了英国高等教育如何为社会服务这一重大问题,并强调职业教育要适应现代科学技术进步和社会生产发展对人才的新要求,培养具有现代社会生活所需要的实用性和应用性知识和技能的高级人才。1974年,英国政府正式颁布《工业训练法》,法案要求将工业训练和职业教育相结合,规定国家干预工业训练,强调所有就业者都需要接受训练,为工作做准备是一种教育活动,受益企业分担培训费用等。这样就将工业训练的部分职责从雇主转移给了政府,明确了政府在职业教育中应该承担的职责。通过一系列改革,到20世纪末,英国建立了400多所职业技术学院,在读学生达300余万人。

这一时期,由于各国政府对职业教育的高度重视,西方发达国家高等职业院校发展迅速,高等职业教育体系得到进一步完善,高职院校内部在专业设置、课程开发、教育教学改革、师资队伍建设及与行业企业的联系等方面都发生了重大变化,与其他各阶段教育的衔接不断加强,高等职业教育质量不断提升,高职教育体系不断地走向成熟。

第二节 西方高职院校师生关系发展历程

一、古希腊时期

古希腊被喻为现代西方文明的摇篮,现代西方教育的发源地。希腊人建立了较为完整的学校教育制度,教育理论研究成果丰富,对西方教育的发展产生了直接而深远的影响,是西方教育发展的基石。因此,对古希腊师生关系的研究能较好地呈现西方高职院校萌芽时期师生关系的发展状况。

古希腊时期处于西方高职院校的萌芽时期,在学徒制盛行的形势下,在政治自由、道德自由、社会平等的社会氛围中,师生关系相对缓和。苏格拉底是古希腊著名的哲学家、教育家,是西方教育思想史上第一位有长远影响的教育家。他认为,人想要熟悉建筑、金工、农艺、人事管理等方面的事情,完全可以通过学习来解决。教育的目的是培养治国人才,他们必须有德有才、深明事理、具有各种实际知识。问答法就是苏格拉底在哲学研究及讲学过程中逐渐形成的一种独特的教学方法,该方法主要由讥讽、助产术、归纳和定义四个步骤组成,它不是将现成的知识、结论硬性强加给学生,而是通过教师与学生的共同讨论、共同研究,通过不断提问来引导学生发现自己的错误,从而得到正确的结论。这种遵循学生心理、生理规律及认知特点并循序渐进、启发诱导的教学方法,极大地调动了学生的学习积极性,在师生共同探究的过程中不知不觉地掌握了真理。

亚里士多德重视人的天性,以及良好习惯的养成,并通过教育发展人的理性,从而引导天性和习惯的培育。他认为,理智没有什么东西不是事先已在感觉中的,感觉只是采纳被感觉东西的形式而不要它的质料,在感觉里面只有形式达到我们的要求而质料没有。人的灵魂正如一本什么也没有写上的书,或什么也没有写上的一张白纸,一块白板,因为它能接受对象的知识。因此,教育应当顺应自然,应当适应人的灵魂的各个部分,促进人的理性发展,从而培养具有良好德行的人。虽然将人的灵魂比作白纸或白板忽视了人的主观能动性,将人与外界的关系置于被动的地位,但其论证了教育在人的形成过程中发生的重要作用,为后来诸多的哲学家、教育家所关注、吸收。[①]

古希腊教育家的这些教育思想指导着当时各类教育机构的教育实践,在古希腊雄辩术学校和吕克昂学园的教学过程中,实践与研究相结合,讲授与自由讨论相结合,教师重视学生学习兴趣的培养,体现了师生关系中平等、民主、互助合作的要素。

二、中世纪时期

日耳曼人和西罗马帝国奴隶在罗马帝国废墟上建立起了西欧中世纪国家。由于统治者较低的文化素质,古希腊、古罗马时期辉煌的文化遗产很快被人们遗忘,

---

① 吴式颖.外国教育史教程[M].北京:人民教育出版社,2010.

西方进入宗教信仰时代。教会学校是占主导地位的教育机构,修道院学校成为主要教育场所,基督教教父哲学集大成者奥古斯丁的教育哲学成为教会学校的指针。奥古斯丁认为世间存在的万事万物都是由上帝从一无所有中创造出来的,世界上的一切及其变化,都是出自上帝的安排,上帝是全知、全能的,是至真、至善、至美的本体。上帝在创造人类时,并没有给人造下恶的种子,但由于人类的始祖亚当、夏娃违背了上帝的禁令,吃下了"智慧果",因而对上帝犯了罪,并将其罪遗传给他们的后代,因此所有的人都是带着原罪来到人世,人人因原罪都要受上帝永劫的惩罚。由于学生的本性罪恶,要想控制他们邪恶的本性,就必须惩罚他们的肉体,压制他们的欲望。

西方修道制的鼻祖本尼狄克则将奥古斯丁的教父哲学理论应用于教育活动实践中,他不仅创立了以自己名字命名的修道院,还亲自制定了详细严格的管理制度,即"本尼狄克规程",它成为欧洲许多类似修道院效仿的模式。这是一套严格的规章制度,规程规定修道院的教学方法主要是教授口授和学生背诵、抄写相结合,通过不断的忏悔、严格的禁欲生活,使学生克服自身的"罪孽",消除各种欲望,达到圣洁的境地,从而为上帝献身,获得上帝的拯救。受其影响,这一时期学校纪律严格,对学生的约束和惩罚成为这一时期教育的主要特征,体罚盛行,戒尺、棍棒成为学校不可缺少的工具,师生关系极为紧张。

在中世纪后期,随着城市的产生和发展,城市新兴市民阶层队伍不断壮大,以进行职业培训和训练为主,培养从事手工业、商业等社会需要的专门人才的学校——中世纪大学和城市学校出现了。中世纪大学往往分文、法、神、医等科,它是一种自治的教授和学习中心,按领导体制分为"学生"大学和"先生"大学两种。"学生"大学主要由学生决定教授选聘、学费数额等学校主要事务,"先生"大学主要由教师管理各类学校事务。城市学校是为新兴市民阶层子弟开办的学校的总称,主要由行会和商会开办,它扩大了学校教育的内容,使学校教育逐渐为人们的现实生活服务,它的发展为资本主义生产方式的成长起到了重要促进作用。与教会学校不同,在这类学校中,教师主要为著名学者或在某方面造诣颇深的专业人才,教学活动主要通过辩论或讲授的形式展开,教学氛围相对宽松,师生关系较为融洽。

三、文艺复兴时期

中世纪后期,由于教会内部腐败及工商业和航海贸易的发展,职业教育逐渐受到重视,高等职业教育面临第一个发展契机。公元14世纪,文艺复兴运动首先在意大利爆发,随后逐渐向英国、德国等地扩展。文艺复兴运动以人文主义思想为指导思想,以强调人是现世生活的创造者和享受者,要求文学艺术表现人的思想感情、科学为人生谋福利、教育发展人的个性,反对神性提倡人性,反对神权提倡人权,反对宗教束缚提倡个性发展为基本特征,这一时期的诸多教育家的教育思想中无不闪耀着人文主义的光辉。

尼德兰著名人文主义者、教育家伊拉斯谟在《愚人颂》、《论正确的教学》等教育著作中对封建主义和经院主义进行了强烈的抨击,他高度重视正确的教育教学方法的使用,强调教师应该深入了解学生,尊重学生的个性,因材施教。他提倡在教学活动中使用直观教学法,它不仅能让学生更直观、生动地了解事物的发展变化过程,激发学生的学习兴趣,更能通过学生的实际操作,培养他们的动手能力和实践操作技能,同时,在此过程中,教师主要发挥引导者的作用,能引发学生深入学习知识技能的好奇心和探究欲望。

法国人文主义学者、教育思想家拉伯雷的教育思想主要体现在《巨人传》中,他痛斥教会教育中的经院教育将人变成了鬼,极力反对禁欲主义、强迫教育、死记硬背和教条灌输,提倡启发诱导和谈话式教学方法,主张通过直观教学和以实际考察的方法帮助学生掌握各种知识,激发学生求知的兴趣。师生共同学习,教师指导学生学而不是压制学生学,用平等和谐的人际关系促进学生的个性解放,表现出对个人价值和个人自由的尊重与确信。

教育思想家蒙田具有很强的批判精神,他反对空疏无用,崇尚实际效用,认为学究式的学问是无用的,教师教的和学生学的应是对生活实际有用的东西。反对屈从于权威,认为一个人应该有判断力,决不能人云亦云,但人应该服从和热爱真理,应该虚心好学,敢于并善于纠正自己的错误认识。反对死记硬背,认为死读书只能培养出鹦鹉学舌的学究。反对过分依赖书本而成为书本的奴隶,要从生活中、从事实中学习,多行动,多实践,行动和实践是教育的重要手段。反对强制压迫,主张自然发展,严厉的惩罚不仅会摧毁学生学习的愿望,还会使人高贵的本性堕落,他要求教师放弃暴力和强制,使教育成为一种"没有惩罚、没有眼泪",充满兴趣和欢乐的活动,使学生的天性得以健康发展。

捷克教育改革家、教育理论家夸美纽斯继承了文艺复兴以来人文主义教育思想的成果,他的《大教学论》系统地阐述了教育理论和实际问题。他认为教育是改造社会、建设国家的重要手段,教育对每个人的发展起着至关重要的作用。为了促进每个学生健康发展,教师不能强迫学生学习功课,不能使学生学习负担过重,要考虑学生的接受能力,用温和亲切的语言、循循善诱的态度去吸引学生,激发他们的求知欲望,并时常对努力学习的学生给予表扬,给其他同学树立学习的榜样;教师要通过引导和各种练习,培养学生的劳动能力,使他们热爱劳动,渴望参加劳动;同时,学校制定的各种规章制度必须严格执行,在处罚学生过程中要做到既严格又温和,从而帮助学生纠正自己的错误行为。①

这一时期,随着城市学校的快速发展,诸多人文主义教育家的教育思想在这些学校的教育目的、教学内容、教学方法、教学原则等方面得以体现。这样,学生的天性、个别差异、兴趣得到了应有的重视,部分学校实行学生自治,教学内容的安排考虑学生的需要和接受能力,师生关系中平等和民主的思想不断受到重视,并有了更大发展。

四、近代工业化时期

英国工业革命掀开了世界历史新的一页,资本主义政治制度和经济制度逐渐确立,为适应政治、经济、科学技术发展需要,对教育提出了新的要求,高等职业教育得到快速发展。这一时期,新兴资产阶级还处于软弱阶段,为了建立和维持稳定的教育外部秩序,造成一种守秩序的精神。赫尔巴特将教育目的分为可能的目的和必要的目的。所谓可能的目的是指一个人将来可能从事何种职业。一个人将来从事什么工作,选择什么职业,都与教育有关,由教育来帮助他们发展某些方面的能力和兴趣,这也是教育的职责。必要的目的是指道德教育。他认为教师的主要职责是教学,教学应根据学生的兴趣进行,教育的过程应该有一定的顺序,应当通过管理、教学和训练三个阶段完成。管理是教育过程的第一个阶段,管理的目的是建立和维持现有的外部教育秩序,为实现教学和训练创造有利条件。学生生来有一种驱使他不驯服的烈性,如果不加以约束,将来有可能发展成为反社会的方向,在进行教育活动前,应该对学生的外部行为进行严格的管理,去掉其先天的"烈性"。在管理方法上,他主张首先利用惩罚性的威胁,以强制性的手段管理学生;其

---

① 〔捷〕夸美纽斯著,傅任敢译.大教学论[M].北京:教育科学出版社,2012.

次要运用监督的方法,监视学生的行为;还要使用命令和禁止等方式,使学生绝对服从;在必要的时候使用包括体罚在内的惩罚。在教学过程中,教师要控制教学过程,成为教育过程中的主导者,要注意激发学生的兴趣,并根据学生多方面的兴趣设置多方面的课程。在训练过程中,教师要从内部对学生的思想、意志和性格进行控制,防止学生情绪冲动和爆发;在训练方法上通过说教、约束、限制、劝诫、谴责、告诫、警告及惩罚等手段抑制学生的不良倾向和行为,使学生不怀疑现实,成为遵纪、守法、服法的人。在斯托伊、齐勒等人的大力宣传和推广下,赫尔巴特教育学说很快在德国及其他国家和地区传播开来,法国教育史家康帕亚指出,在19世纪后期,赫尔巴特主义在德国已经成为一种宗教。美国也成立了全国赫尔巴特协会,其目的是促进赫尔巴特思想的传播和在美国学校的运用,哈里斯曾指出,在美国的赫尔巴特教育学的信徒比在德国还要多,在19世纪90年代期间,赫尔巴特教育学说成为美国教育界的主导思想。[1]

著名哲学家、教育家卢梭认为,在人类的原始时代,每个人都没有社会性,愚昧无知但自由自在,一切听其自然、顺其天性,他们生活在无拘无束的极乐世界。人类之所以变得贪婪、虚伪、罪恶,是由于人们为了战胜各种困难,相互帮助而组成了社会,随即产生了私有财产和国家。因此,自然是善的,人性是善的,只是社会将人变坏了,教育的最终目标是通过自然教育培养"自然人",他所说的自然教育要求教育要遵循自然天性,无需成人的灌输、压制、强迫、干预,教师只需创造良好的学习环境、防范不良的影响,学生在自身教育和成长中应该取得主动地位。同时,他还指出,每个人的心灵都有自己的形式,必须按他的形式去指导他,教育者应该认真了解自己的学生之后才能对他说第一句话。[2]

瑞士民主主义教育家裴斯泰洛齐认为,教育的主要功能是促进人的发展,尤其是人的能力的发展,通过教育完美地发展人的能力,提高人的素质,授予每个人谋生的本领,从而使他们成为人格得到发展的真正独立的人,教育意味着完整的人的发展。但人的发展不仅仅是自然的,还具有社会目的,教育者所采取的教育措施既要依照天赋能力和力量的自然发展法则,适合学生的天性,又要根据社会现实,符合他们所处的社会环境,将人的性质纳入社会秩序的正轨。因此,教育者不仅仅是知识的传授者,还是学生成长为个性"完整的人"的指引者。

---

[1] 吴式颖.外国教育史教程[M].北京:人民教育出版社,2010.
[2] 〔法〕卢梭著,李平沤译.爱弥儿[M].北京:人民教育出版社,2001.

基于辩证唯物主义和历史唯物主义世界观,马克思和恩格斯从一定历史条件下的社会去考察人的教育,从教育与社会生产、社会关系的关系的考察中,揭示了人的片面发展的社会根源,提出了人的全面发展理论,即教育活动就是让受教育者个性得到充分自由发展的过程。人是一切社会关系的总和,人类的教育活动起源于交往,但教育活动是人类一种特殊的交往活动、认识活动和实践活动,在此活动中,教师处于主导地位,是教育活动的组织者、引导者,学生处于主体地位,教育目的的实现需要教师和学生发挥主观能动性共同完成。马克思和恩格斯的教育思想为揭示现代教育的基本特征、批判分析师生关系的特点、构建良好的师生关系提供了坚实的理论基础。

五、现代信息化时代

进入 20 世纪,西方国家工业、经济、科技迅速发展,新的科学技术广泛应用于实践,人们以乐观主义态度寄希望于职业教育,高等职业教育发展进入迅猛发展时期。随着实验心理学的诞生和发展,人们积极开展各种教育研究和实验,这一时期教育思想呈现多元化趋势,由于受不同教育思想影响,不同国家高职院校教学过程中师生关系也表现出明显的差异性。

这一时期最重要的代表人物是美国实用主义创始人杜威,他将赫尔巴特继承和发展的西方资产阶级教育思想称为"传统教育",而把自己在实用主义哲学思想指导下形成的教育思想称为"新教育"或"进步教育"。他认为,传统教育的最大缺点是对学生实行强迫教育及教师所处的"武断性"主导地位,他提出教育即生活、教育即生长、教育即经验的持续不断的改造。为此,他反对以教师、教科书、教室为中心的传统教学方法,极力主张应该将教育的重心转移到学生身上来,这是和哥白尼把天文学的中心从地球转到太阳一样的革命。在这里,学生变成了太阳,教育的一切措施都围绕着他们进行,教员不再是学生的"导师",而仅仅是学生从事活动的指导者、参谋和助手。在教学方法上他推崇"从做中学",教师应该遵循学生获取知识的自然途径,为学生提供一定的环境,变教师讲、学生听的教学方式为师生共同活动、共同经验的教学方式,学生成为教学过程的中心,活动和经验成为主体。[①]

---

① 〔美〕杜威著,王承绪译. 民主主义与教育[M]. 北京:人民教育出版社,2001.

但由于学生的个人直接经验是非常有限的,学校教育的时间也非常短暂,杜威实用主义思想带来的直接影响是教育质量的下降。作为实用主义教育的对立面,要素主义、永恒主义教育出现。要素主义教育家坚决主张传统的学校教育中的教学原则、教学方法、教师的主导地位等是现代教育必须保留并发展的根本要素。美国著名教育家巴格莱在《要素主义者促进美国教育的纲领》一文中指出,要重视教师在教育教学过程中的主导地位,能将具有永恒价值的文化共同要素传递给学生,将学生引向成年人世界的只有教师,教育过程的主动权在教师而不是学生,要将教师放在宇宙的中心。同时,要加强对学生的严格训练,不能让学生的学习放任自流。永恒主义教育流派形成于20世纪30年代,主要代表人物有法国的阿兰,美国的哈钦斯等人。在教学过程中,他们重视教学方法的选择,并将选择的标准定为是否贯彻了要求学生努力学习的原则。他们认为那种单纯追求兴趣,为迎合学生而任意降低深度难度的教学是最不可取的,也是没有效果的。推动学生成长的不是游戏,而是艰辛的学习,教师应该担负起造就人的责任,要对学生严加管教,磨炼他们的意志,让他们备尝学习的艰辛,从而树立起积极学习和战胜困难的信心,只有经过辛苦的陶冶,学生才能成长为人。教师应该对学生提出较高的要求,并严格管理学生,没有严格管理学生的教师是不称职的,拒绝严格要求的学生永远不会有所成就。为有效地开展教学活动,更好地发挥教师的作用,学生必须服从教师的权威。[①]

结构主义教育思想是一种在现代欧美国家广泛流行、影响很大的教育理论,结构主义教育家认为,学习是一种过程而不是结果,学习过程类似于人类探求知识的过程,他们提倡"从发现中学习",教师在教学中应该鼓励学生利用教师或教材提供的材料,通过自己的"发现"来学习,亲自去"发现"应该学到的基本结构或规律,成为真正的"发现者"。在现代社会,尽管应该充分运用各种教学辅助工具,但教师仍然是教学过程中的主要辅助者,教师应该注意对教育和教学过程的动态研究,从学生心理能力出发考虑如何引导学生理解和掌握知识的基本结构。在教学过程中,教师还应该扮演"情境"组织者的角色,使用一些教学装置或教学辅助工具,以便引起学生探求知识的兴趣和动机,启发他们主动、积极地探寻问题的答案,因此,教师的任务不仅是灵活运用各种教学装置来充当知识的传播者,还应该成为教育过程

---

① 诸惠芳.外国教育史纲要[M].北京:人民教育出版社,2005.

中学生的榜样和典范。

　　受存在主义哲学的影响,存在主义教育思想的主要代表人物布贝尔等认为,教育的本质和目的在于使学生实现"自我生成"或"自我创造",即教育是发展关于自由选择以及对选择的意义和责任的认识的过程。教育者应该帮助学生认识到生活的价值,成为一个对自己负责的人,并帮助他们去过自己选择的生活和作出自己的决定。因此,存在主义教育者反对传统的师生观,十分重视教师的作用,但又反对实用主义者将教师视为知识的灌输者。实用主义者将教师视为帮助学生解决问题的指导者,他们视教师为学生自我实现的影响者,教师的作用就是利用自己的人格魅力和科学知识,引导学生不断认识"自我"和发展"自我",教师的任务就是在学生走向自我实现的历程中帮助每一个学生个体,一个好的教师是自己作为一个自由的活动者,他的影响不是暂时的,而是要延长到成年生活。布贝尔认为,信任是品格以及整个人的教育领域中唯一一条可以接近学生的途径,因此,他们主张师生之间应该在平等的、相互信任、相互尊重、民主、亲切的氛围中开展教学活动,从而引导学生认识"自我"和发展"自我",促进学生获得自由、实现自我。①

　　20世纪70年代后,人本主义教育思想逐渐盛行。美国心理学家罗杰斯认为,传统教育的最大弊端是导致学生认知与情感的分离,教育的目标是培养"完整的人",他们不仅在身体、精神、理智和情感各方面达到了整体化,而且在人的内部世界与外部世界的联系方面达成和谐一致。教育的目的就是人的自我实现、完美人性的形成和人的潜能的充分发展。因此,学校应该创造自由的心理气氛,这是一种个人中心的气氛,一种能使学生自由地选择和接受挑战并表达各种体验的心理气氛,教师应该成为促进学生实现教育目标的优秀的促进者,通过鼓励、关心和提供选择机会等满足学生的各种需求,促进学生个性的充分发展和潜能的实现。他们认为师生应该建立一种相互帮助的关系,并把这种关系与尊重人的价值联系起来。在学习过程中,教师、学生要共同参与,在强调教师的促进和催化作用的同时,还需要学生"自我学习、自由学习、自我评价"。

六、后现代时期

　　面对知识经济时代教育发展面临的种种困惑,后现代主义者主张对一切秩序

---

① 吴式颖.外国教育史教程[M].北京:人民教育出版社,2010.

和结构进行消解。首先是消解主体与客体的二元对立,其次是反对人类中心主义和主体性,传统理性主义和人道主义所标榜的"人类中心论"以及围绕这一命题而赋予人类的诸如神圣性、至高性、超验性、主体性等本质特征完全是建立在盲目的信仰和信念的基础之上的。基于此,后现代主义教育者对师生关系的具体内容和观点重新进行了审视、思考、批判和解构。

建构主义教育思想中具有代表性的观点是皮亚杰的认识发生论和维果茨基的"最近发展区"理论。皮亚杰从内外因相互作用的视角阐释了认知发展的过程;维果茨基探寻了学习者如何在成人和同伴帮助下最大限度地发挥潜能。后来的建构主义者还借鉴了认知科学、控制论的研究成果,使建构主义理论日趋发展。建构主义者认为任何知识的习得是建立在对自身已有知识、概念、经验建构的基础上的,学习活动是学生自身主动地将其纳入自己的认知结构之中。这样,改变了传统意义上教师是知识的传授者、灌输者,学生是外部刺激的被动接受者、知识的灌输对象的角色定位,教师成为学生主动建构意义的帮助者、促进者,取消教师的绝对权威地位,学生成为信息加工的主体、知识意义的主动建构者,师生间建立起一种平等对话、相互理解、共同参与的新型师生关系。受建构主义教育思想影响,高职院校教师逐渐成为学生建构知识的积极帮助者和引导者,学生则是教学活动的积极参与者和知识技能的积极建构者,师生间逐步建立起一种平等对话、理解合作的新型关系。

作为批判教育学的代表人物,吉鲁主要从文化差异及身份、地位、政治差异等方面探讨教学过程中的师生关系。他认为教师的主要工作是"转化智慧",就是以他具有知识或是社会行动者的角色,协助、引导学生探讨人类历史,对种族、性别、宗教、政治、文化、社会及阶级进行自我反省,建立个人在特定社会团体中的认同及个人的定义。在吉鲁看来,除了引导学生反省、传达知识外,教师还应该协助学生认清各种意识形态、阶级斗争、政治权力与知识之间的关系,从而树立批判意识、培养批判精神、形成批判能力,最终从意识形态桎梏下解放自己。

解放教育学者保罗·弗莱雷提出了"双主体"说。他认为,在教学活动过程中,教师和学生都是主体,学生需要教师的帮助和引导,但这并非将学生置于教师的阴影之下,教学活动并非将空洞、乏味、脱离学生生活实际的知识支离破碎地塞进学生的头脑中。同时,学生并非教师个人的附属品,教师应该与学生一起携手认知未来世界,共同探寻改造世界的力量。因此,师生之间应该以世界为中介,建立起一种旨在命名世界的、普通的人与人之间的对话关系;对话即是在认知和再认知学习目标中将教师和学生密切联系在一起的共同活动;对话是一种在平等地位上的相互交流,是革命领袖(教师)与被压迫者(学生)之间平等的沟通与协助。这种关系是平行的"我"与"你"之间的关系,而不是自上而下式的命令与服从的关系;对话就是教师与学生一起,而不是代替学生;对话是一种创造行为,包含着相互联系的反思与行动。在"对话"中对学生进行知识的传递、方法的指导和思想的启迪,从而让学生掌握知识,提高他们的能力,使他们学会创造。[1]

交往教学理论思想代表人物舍费尔认为,教师和学生是教学交往中两个双向认知、互动的能动主体,二者通过课程这一媒介在教学过程中构成交往关系,实现促进学生发展的教育目的。教学活动中存在对称的相互作用形式和补充的相互作用形式这两种交往形式。所谓对称的相互形式是指在教学交往过程中,师生处于同等的地位,享受同等的权利,双方都没有优先权,也不受其他人的控制和支配;补充的相互作用形式特指教学交往的参与者具有不同的自由活动空间,即一方处于主导地位,另一方处于补充对方不足的地位。在教学过程中,应大力发展对称交往形式,它应该在教学交往过程中发挥主导作用,但由于教学交往中师生的知识储备、身份地位及发挥作用的不同,补充交往形式也是客观存在的,并能有效地弥补前者的不足,师生交往关系就是在存在差异的状态中追求理想的平等状态,从而达成教学目标的实现。[2]

小威廉姆·多尔从混沌学原理和耗散结构理论出发,以后现代主义的课程观为视角反思和重构了师生关系。他认为课程目标不应该是预先确定的,课程内容不是绝对客观和稳定的知识体系,课程的实施不仅仅是灌输。据此,他重构了师生关系,将教师定位为"平等者中的首席"。教师首先是学习者团体中平等成员之一,教师与学生在团体中相互对话、相互合作、平等互动,共同探寻新知识的发展过程。在此过程中,教师帮助、引导学生探究相关知识领域,培养学生的创新精神和解决问题的能力,教师自身也在教学过程中不断提升自己,师生达成了教学相长。同时,教师的作用并没有被抛弃,"首席"表明教师处于领导者的地位,但教师是内在情境的领导者而非外在的专制者,教师不再以身份、职位的权力来控制学生,但他们是教学活动的组织者,平等对话、和谐氛围的创造者,学生积极性和主观能动性的调动者。[3]

---

[1] 〔巴西〕费莱雷著,顾建新等译.被压迫者教育学[M].上海:华东师范大学出版社,2001.
[2] 李其龙.德国教学论流派[M].西安:陕西人民教育出版社,1993.
[3] 〔美〕小威廉姆·多尔,王红宇译.后现代课程观[M].北京:教育科学出版社,2000.

第三节 西方高等职业院校师生关系特征与启示

一、遵循发展性规律

西方高职院校师生关系经历了古希腊时期民主、平等的关系,中世纪宗教统治时期教师专制主义,文艺复兴时期"没有惩罚、没有眼泪",工业革命之后的"教师中心说",到信息化时代"学生中心说"、"自我学习、自由学习"的演变,师生关系在教师中心、学生中心间此消彼长,这种现象符合马克思主义唯物辩证法的否定之否定规律,即事物都是肯定方面和否定方面的辩证统一,任何事物都是经历了辩证否定,不断超越自我,最终实现自身发展的。所谓的否定是对旧事物的质的根本否定,但并非是对旧事物简单的扬弃,而是变革和继承相统一。西方高职院校师生关系的发展正是经历了不断的变革,在变革中继承,在继承中创新,完成了从低级到高级、从简单到复杂的周期性发展历程,体现了师生关系发展的曲折性,呈现了师生关系由民主平等——专制差异——民主合作的螺旋式上升式发展规律。

二、以特定教育思想为指导

西方各时期高职院校师生关系的转变都是以一定社会背景下衍生出的特定教育思想为指导的,在特定教育思想的影响下,高职院校培养与统治者意愿相一致、适应社会发展需要的接班人。二战结束后,西方各国在科技、经济、军事等方面的竞争日趋激烈,而美国社会各界对教育问题的批评越来越多,批评的焦点是实用主义教育因过于强调以学生的直接经验为中心的教育而带来了教育质量的下降。苏联卫星上天使美国朝野震惊,改革教育的呼声日益高涨,要素主义教育思想在美国逐渐兴盛,并形成了一种有力的教育思潮,教师在教育体系中的中心地位重新树立,在师生关系中的权威得以加强。受其影响,美国颁布了《国防教育法》,法律要求学校提高学习指导、培训项目的质量,加强高等职业教育,加快科技人才培养步伐,以应对其他国家在科技、贸易等方面的挑战。

三、以多维度考察为视角

纵观西方高职院校师生关系发展历程可以看出,"教师中心"或"学生中心"两种相互对立的师生关系观均因过于片面而最终被时代所淘汰。黄济曾指出,在资产阶级教育学中一向存在着两种不同的师生关系观,一种是强调教师为主,否定学生的主动性和独立性,[①]赫尔巴特所主张的"学生对教师必须保持一种被动状态"可以作为代表,另一种是实用主义的以学生为中心的主张,把学生的个人的直接经验作为学习的起点,教师要围着学生转,忽视教师必要的主导作用,这两种主张都具有片面性。因此,对师生关系问题的认识,不能仅仅以"教师中心"或"学生中心"单向度片面展开,而应该从更深入、更全面、更多维的复合视角进行探究。现代教学论对师生关系的研究方向发生了改变,即由之前的主观日趋客观,由单一型走向复合型,由单向度逐渐向多维度转变,转变师生观中片面强调以教师为中心、以学生为中心的观点,以人为本,从人的潜质如何得以有效利用、开发为切入点,将教师和学生在教学活动中形成的关联看成一个有机联系、辩证统一的整体。

四、以互动交流为手段

教育的基本要素包括教育者、学习者和教育影响,三者既相互独立,又相互联系,共同建立了完整的实践活动系统。为实现人才培养目标,与普通高等教育相比,高等职业教育教学活动中更需要师生间的平等互动和交流。在西方高职院校发展过程中,互动交流一直是师生关系的主旋律。在萌芽阶段,苏格拉底和亚里士多德积极倡导师生间通过自由讨论、共同探究掌握真理,增强能力;中世纪城市学校里,教学活动主要以辩论等形式展开;在人文主义思想指导下,文艺复兴时期高

---

① 黄济.教育哲学通论[M].太原:山西教育出版社,2006.

职院校中学生的个别差异、天性和兴趣得到了应有的重视,师生关系中平等互动的思想有了更大发展;工业革命以来,无论是传统教育、进步主义教育还是后现代各教育思想流派,双向互动、交流、对话都是他们强调和关注的焦点,并在高职院校教学环境设置布局、课堂教学、实训实习中予以充分体现。

五、以民主合作为方向

教学过程是在教育目的的规范下,教师的教与学生的学共同组成的一种教育活动,因此,高职院校理想的师生关系是取得良好教学效果的关键。在"教师中心"教育思想主导下,过于强调教师在教学过程中的主导作用和权威地位而忽视了学生的主观能动性;而"学生中心"教育思想则从学生自发的兴趣和需要出发,强调以尊重学生的自然健康和主动发展为教育出发点,漠视了教师在教育活动中的作用,这两种对立的师生观均因过于极端而在教育实践中产生了消极影响,最终遭到摒弃。西方高职院校师生关系发展历程表明,只有以现代先进的教育理念为指导,以学生发展为本,在师生相互认同、相互信任、相互尊重、相互理解、相互接纳的环境中,构建民主合作的和谐师生关系,才能促进人的全面发展,推动经济社会不断进步。

六、以促进学生发展为目的

教育目的是社会对教育所要造就的社会个体的质量规格的总的设想和规定,它是所处时代的产物,具有明确的价值取向。在中世纪,修道院是"为主效力的学校",通过对学生精神和肉体的训练,宗教统治者要求培养出具有神学世界观、知识观、目的论的教徒。在近代资本主义社会,在有限的生产力发展水平上,个人成为教育活动塑造的工具,教育为资产阶级服务,成为扭曲人的个性的手段。随着社会的持续发展,生产力水平的逐步提高,资产阶级逐渐认识到资本主义社会的种种弊端,他们想通过教育弥补自身的不足,并逐渐认识到促进学生发展的作用。马克思主义提出的人的全面发展的理论认为,教育的目的是培养全面发展的、具有独立个性的人,所谓的"全面发展"是个性的全面发展,而"独立的个性"是全面发展的个性,二者是辩证统一的。只有社会发展到高级阶段,人的发展才能成为社会发展的目的,并理所当然地成为教育的目的。

[第四章]

高职院校师生关系现状调查与分析

第一节 研究方法及过程说明

"高职院校师生关系"课题组将研究焦点锁定在当代和宏观的视角上,力图把握当前高职院校教师和学生在师生关系方面的真实评价和认识,这使得能够快速取得宏观方面资料的问卷调查方法成为这项研究在方法上的首选。课题组从全国高职院校中抽取了7所院校的3000名学生、300名教师进行问卷调查,从而取得了研究所需的第一手资料,形成了定量数据库,成为课题研究重要的实证基础。下面将分几个方面对这些数据的取得及统计处理等问题进行说明。

一、研究性质、研究对象与研究内容

本课题在研究性质上属于一项定量与定性相结合的实证研究,它通过抽样和问卷调查的方式收集到当前高职院校教师和学生关于师生关系认识方面的大规模实证资料,可以获得对当前高职院校师生关系的总体认识和评价,保障研究的普遍性和概括力;同时又通过定性访谈的方式深入了解当前师生关系的实际情况,可以获得详细、真实的案例资料,对这些案例的分析和解读,是对问卷调查结果的有力补充(本章主要讨论问卷调查的实施过程和数据结论,定性访谈资料将在第五章集中分析讨论)。

根据抽样和问卷调查资料的性质,调查获得的资料主要为定量数据,这些数据使用定量的统计分析手段,一方面可以对样本总体进行探索性、描述性的定量研究,另一方面可以通过统计模型在某些方面进行更深入的解释性研究,在一定程度上,这两方面的研究成果可以推论到高职院校总体。而在结合相关的文献和定性访谈资料后,更可以采用定量与定性相结合的方法,以期取得更为深刻的研究结论,扩展研究的广度和深度。

研究中采用的标准化问卷可以为后续的研究提供借鉴和参照,研究也因此兼顾了静态和动态研究两方面的结合,可以进一步考察高职院校师生关系在时间维度上的变化情况。

课题研究一方面是了解高职院校师生对师生关系的认识和理解,另一方面是具体把握当前高职院校师生关系的现状。因此,问卷调查对象也相应分为两个层次:第一个层次是高职院校的教师,了解教师所认知的师生关系;第二个层次是高职院校的在校学生,了解学生所理解的师生关系。

课题组设计了《高职院校师生关系调查问卷(教师版)》和《高职院校师生关系调查问卷(学生版)》两份问卷,前者共27道题,后者共28道题。两份问卷维度基本一致,主要询问了教师和学生对师生关系的理解、对师生关系的满意程度、学生和教师群体对于师生关系的现状看法、师生关系的动力以及调查对象背景资料等5个方面的问题。

二、抽样方法与抽样方案

本课题的具体调查过程采用了非概率的配额抽样方法进行抽样。

由于研究涉及的群体难以按照标准的概率抽样程序进行抽样,加之研究经费等因素的限制,基于实际可操作的考虑,在问卷调查中选取了非概率的配额抽样方法。这种方法没有遵循随机原则,无法在数学基础上保证样本的代表性,但其结果仍然可以在一定程度内推论到总体。就本项研究而言,是一个可以接受的抽样方法。

配额抽样虽属非概率抽样,但它在方法设计上以代表总体为目的,它针对调查对象的某些属性或特征,将总体中的所有个体分为若干类或若干层,然后在各类(层)中抽样,尽可能保证样本中各类(层)所占比例与他们在总体中所占比例一致。配额抽样假定,只要类型划分细致合理,在各类(层)中选取的样本就可以较准确地反映总体。

本课题的配额抽样具体方案是根据我国高职院校的性质和学生人群进行配额,第一层配额为我国高职院校的性质,第二层配额为学生人群,主要分年级配额。配额原则一是尽可能保证所抽样本能够在一定程度上代表教师和学生群体,二是根据在校的学生实际情况适当调整配额。

由于考虑到研究对象的范围广大及区域间、院校间的不平衡性质,课题组根据全国高职院校的性质分类和地域分布情况,将其分为公办、民办和本科院校中的高职学院 3 类院校,7 所院校的具体选择,适当考虑地域差距,尽量保证北京和地方等均有院校入选。

教师群体的抽样,在确定抽样院校以后,进行成比例随机概率抽样,根据 7 所院校的教师数量占总体的比例确定各院校发放的教师问卷数量,各院校内进行随机抽样,共发放教师问卷 300 份。

而 7 所院校学生样本量的确定,也采取类似的方式,主要依据各院校学生人数占总体的比例确定各院校应发放的数量,在各院校内随机抽样,共发放学生问卷 3000 份。

三、问卷调查方式与调查过程

教师问卷和学生问卷的发放,由课题组根据抽样方案选定高职院校,再由这些学校中的相关教师协助课题组在校园内进行随机抽样,发放教师和学生问卷,请教师和学生自行填答。

问卷调查时间从 2011 年 2 月开始,至 2011 年 3 月结束,具体操作是:课题组成员对选择样本高校的教师进行培训,并依靠他们在其学校内组织调查活动。在调查过程中共发放学生问卷 3000 份,回收有效问卷 2864 份,回收率为 95.5%;发出教师问卷 300 份,回收有效问卷 213 份,回收率为 71%。课题组成员在整个调查过程中实施监控和抽样复核,剔除了部分不合格问卷,保证了样本的真实性。

四、问卷资料整理与统计分析

2011 年 3 月教师和学生问卷全部回收后于当月开始问卷整理和审核工作,整理审核后的有效问卷通过数据录入软件 EpiData3.0 版进行录入,录入完毕后进行了专门的数据清理工作,并导出形成 SPSS 统计软件包的数据格式。形成教师数据库和学生数据库两个数据库,两个数据库均采用 SPSS18.0 版进行统计处理。

五、所获样本的基本信息

问卷调查结束后,共取得有效学生问卷 2864 份,有效教师问卷 213 份。调查样本的基本情况如下。

(一)学生样本基本情况

此次调查学生群体的基本情况如下:

1. 女学生居多,占到所有学生总数的 57.6%(N=2864)。具体见图 4-1:

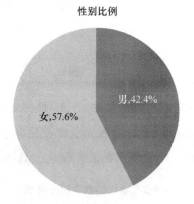

图 4-1 学生样本性别分布图

2. 从年级上看,二年级学生为主体,其次为一年级和三年级学生,占学生总数的比例分别为 63.1%、34.7%和 2.2%(N=2864)。三年级学生人数少的主要原因是大三阶段许多学生进入顶岗实习阶段,在学校的学生人数本来就很少,且不愿意拿出时间填答问卷,具体如图 4-2:

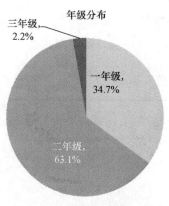

图 4-2 学生样本年级分布图

3. 从学科上看，工学、管理学、文学和法学学生为主体。具体见表4-1：

表4-1　学生样本学科分布表

学科	人数	有效百分比
法学	442	15.4%
工学	891	31.1%
管理学	649	22.7%
教育学	212	7.4%
经济学	94	3.3%
理学	118	4.1%
文学	452	15.8%
未填	6	0.2%
合计	2864	100.0%

4. 调查样本来自7所高职院校。其中，A、D、E三所院校为北京市公办高职院校，B院校为辽宁省公办高职院校，C院校为北京市民办高职院校，F为重庆市公办高职院校，G为北京市某本科院校所属的高职学院。具体见表4-2和图4-3：

表4-2　学生样本学校分布表

院校	人数	有效百分比
A	774	27.0%
B	488	17.0%
C	285	10.0%
D	551	19.2%
E	353	12.3%
F	314	11.0%
G	99	3.5%
合计	2864	100.0%

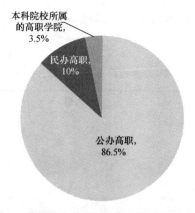

图 4-3　学生样本分布图(按照院校性质分类)

(二) 教师样本基本情况

1. 此次调查以 21 岁～40 岁期间的青年教师为主,达到所有教师总数的 58.2%。具体见表 4-3：

表 4-3　教师样本年龄分布表

年龄	人数	有效百分比
21～30	48	22.6%
31～40	76	35.6%
41～50	51	24%
51～60	7	3.2%
未填	31	14.6%
合计	213	100.0%

2. 调查对象中女性教师居多,占到教师总人数的 60.56%。具体见图 4-4：

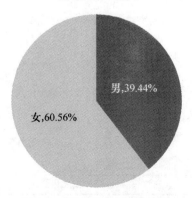

图 4-4　教师样本性别分布图

3. 调查对象中,专任教师为主体,占到总人数的61.5%,其次为辅导员或班主任。具体见表4-4:

表4-4 教师样本岗位类型分布表

岗位类型	人数	百分比
专任教师	131	61.5%
辅导员或班主任	33	15.5%
教辅人员	11	5.2%
未填	38	17.8%
合计	213	100.0%

4. 从职称上看,中级职称教师为主体,占到总人数的38.5%,其次为教授,初级职称所占比重最低,这符合一般学校教师的职称结构。具体见表4-5:

表4-5 教师样本职称分布表

职称	人数	百分比
初级	19	8.9%
中级	82	38.5%
高级	42	19.7%
未填	70	32.9%
合计	213	100.0%

5. 从学科上看,样本分布较均匀,工学、法学、经济学等比例略高。具体见表4-6:

表4-6 教师样本学科分布表

学科	人数	百分比
法学	29	13.62%
工学	33	15.49%
管理学	20	9.39%
教育学	18	8.45%
经济学	28	13.15%
理学	20	9.39%
历史学	18	8.45%
数学	16	7.51%
文学	20	9.39%
哲学	11	5.16%
合计	213	100.0%

第二节 当前高职院校师生关系的基本情况

一、对师生关系的认识和理解

（一）学生和教师都认为师生关系很重要

1. 学生对师生关系的认识

学生们普遍认为师生关系对自己学习和成长的影响很大(41.4%的学生认为影响很大,25.5%的学生认为影响较大)，只有4.3%的学生认为师生关系对自己的学习没有影响。具体见表4-7：

表4-7 学生对师生关系影响的看法

影响程度	频数	百分比
影响很大	1185	41.4%
影响较大	731	25.5%
有些影响	801	28.0%
无影响	124	4.3%
未填	23	0.8%
合计	2864	100.0%

调查发现,师生关系对学生的学习兴趣、学习态度和心理健康有重要的影响,如表4-8所示,80.8%的学生认为师生关系会影响自己的学习兴趣,62.3%的学生认为会影响自己的学习态度,27.6%的学生认为师生关系会影响自己的心理健康。

表 4-8　师生关系对学生的具体影响

师生关系影响	频数	应答人数百分比
学习兴趣	2286	80.8%
学习态度	1762	62.3%
心理健康	781	27.6%
其他	257	9.1%

从学生的角度来看,教师的专业知识和师德素养对学生的影响最大。调查显示,教师自身因素对学生的影响,从高到低依次为专业知识(76%)、师德(72.9%)和行为(53.3%)。具体见表 4-9:

表 4-9　教师自身因素对学生的影响

师生关系影响	频数	应答人数百分比
师德	2087	72.9%
专业知识	2176	76.0%
行为	1525	53.3%
其他	146	5.1%

"师者,传道授业解惑也。"教师对学生的学习和成长起着重要的作用。师生关系是学生人际关系的重要组成部分,学生从教师那里获取专业知识、学习为人处世的道理,同时接受教师在学业成绩、综合表现等方面的评价,可以说,师生关系对学生的专业学习、校园生活和个人未来发展等都有十分重要的影响。

2. 教师对师生关系的认识

教师对师生关系也比较重视,教师们普遍认为师生关系对教育教学的影响很大(36.6%)或影响较大(32.4%)。

表 4-10　教师对师生关系影响的看法

影响程度	频数	百分比
影响很大	78	36.6%
影响较大	69	32.4%
有些影响	37	17.4%
无影响	28	13.1%
未填	1	0.5%
合计	213	100.0%

从教师的角度来看,师生关系会影响教师的教学效果、教学态度和心理健康。教学是双向的,良好的师生关系意味着师生的良性互动和交流,这会影响到教师的

教学态度,良好的教学态度更容易获得学生的认可和肯定,这种认可和肯定会在课堂教学中表现出来,进而影响教师的教学效果。具体影响见表 4-11:

表 4-11 师生关系对教师教学的影响

师生关系对教学的影响	频数	应答人数百分比
教学态度	131	62.4%
教学效果	164	78.1%
心理健康	106	50.5%
其他	54	25.7%

"教学相长"并不是一句空话。师生关系对教师的教育教学和个人成长都有重要的影响,良好的师生关系会促使教师端正教学态度、创新教学方式方法、努力提高教学效果,心情愉悦地投入到教育教学中去,对教师的个人成长也有积极的促进作用。

有学者指出,高等院校师生关系是高校诸多关系中最重要的关系,是其他一切关系的基础。良好的师生关系,有利于营造民主、平等的大学氛围,有利于形成良好的教风学风,有利于学生创造力的充分发挥。[①] 数据调查的结果也验证了这一论断,教师和学生都对师生关系的重要性有充分的认识和体会。

(二) 师生关系定位

1. 大多数师生将师生关系理解为"亦师亦友"

调查中,在问到"您认为师生关系定位是"的问题时,69%的教师选择了"亦师亦友",68.8%的学生同样选择了"亦师亦友"。具体见图 4-5 和 4-6:

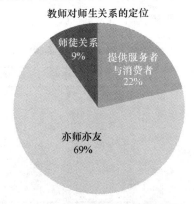

图 4-5 教师对师生关系的定位

---

① 郑少君.高校师生关系影响因素与构建对策初探[J].黑龙江高教研究,2004(4):67—69.

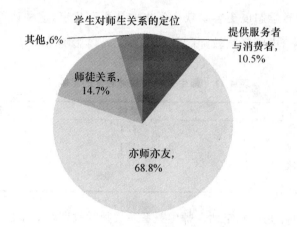

图 4-6　学生对师生关系的定位

"亦师亦友"的师生关系定位,可以形象地解释为"台上为师,台下为友",这与我国传统文化中"尊师重道"的理念不完全一致,主要是受到"师生平等"、"教学双主体"等教育理念的影响,师生都将对方视为平等交流的对象,互相学习、共同成长。

值得注意的是,教师群体中对于师生关系的理解,"提供服务者与消费者"关系(22%)仅次于"亦师亦友"排在第二位;而学生群体中14.7%的人选择了"师徒关系",排在第二位,"提供服务者与消费者"关系排在第三位。从学生角度看,更是将教师视为师友,而教师看上去对"提供服务者与消费者"的关系认同度较高一些。

2. 影响师生关系的主要因素是社会环境和学生自身因素

教师认为影响师生关系的主要因素排在前三位的依次为社会环境(68.2%)、教育方法(46.9%)、学生自身因素(46.4%)。具体见表4-12:

表 4-12　教师认为影响师生关系的主要因素

主要影响因素	频数	应答人数百分比
社会环境	144	68.2%
教学组织形式	79	37.4%
教育方法	99	46.9%
学生自身因素	98	46.4%
教师自身因素	75	35.5%
其他	38	18.0%

学生认为影响师生关系的主要因素根据重要程度排序依次为社会环境(66.4%)、学生自身因素(48%)、教师自身因素(46%)。具体见表4-13:

表 4-13　学生认为影响师生关系的主要因素

主要影响因素	频数	应答人数百分比
社会环境	1866	66.4%
教学组织形式	1046	37.2%
教育方法	1177	41.9%
学生自身因素	1348	48.0%
教师自身因素	1292	46.0%
其他	310	11.0%

师生关系在教师和学生各自的人际关系网络中都有相当重要的位置,师生关系也不可避免地受到社会环境和风气的影响。上述数据体现出教师和学生在对师生关系影响因素的认知上存在一定的一致性,即教师和学生都认为社会环境和学生自身因素对师生关系有重要影响,但也有一些差异,教师较关注教育方法的影响,学生则关注教师自身因素的影响。这也与现实生活中的一些案例相符,即学生对教师个人的印象和评价会直接影响到师生关系乃至学生的学业表现,这种影响在不少中小学学生身上得到体现,在大学生群体中也时有体现。

(三) 对师生关系的满意程度

1. 教师对师生关系的满意度

很多教师认为自己与学生的关系很好,对师生关系表示满意。调查结果显示,在问到教师"您认为您与学生的关系如何"时,高达 93.9% 的教师回答"很好"和"较好"。具体见图 4-7:

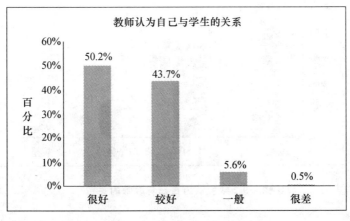

图 4-7　教师认为自己与学生的关系

从整体来看，教师对目前师生关系的评价较高。20.7％的教师认为当前师生关系很好，50.2％的教师认为当前师生关系较好。具体见图 4-8：

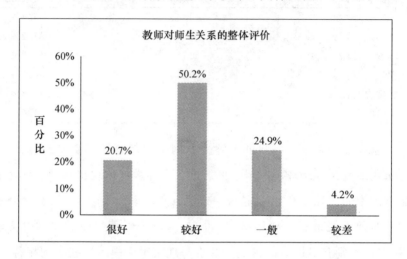

图 4-8　教师对师生关系的整体评价

2. 学生对师生关系的满意度

总的来说，学生对当前师生关系较为满意。在被问到"您认为您与老师的关系如何"时，84.8％的学生回答了"很好"和"较好"，有 87.1％的学生对目前师生关系评价为很好和较好。具体见图 4-9、图 4-10。

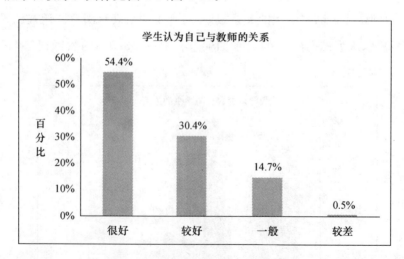

图 4-9　学生认为自己与教师的关系

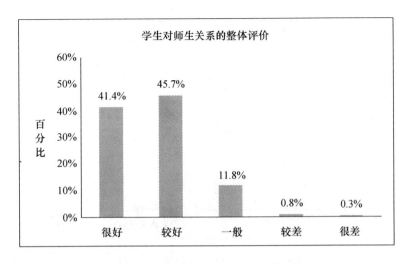

图 4-10 学生对师生关系的整体评价

客观地说,当前高职院校师生关系确实存在一些问题,但多数教师和学生都对目前的师生关系满意,显示出当前高职院校中师生关系的主流是正向和积极的。这一结果也与王燕、谷秀娟关于高校体育教学中师生关系的研究结果相符,该研究发现有 87.5% 的学生认为现代高校体育师生关系是比较和谐的,有 1.33% 的学生认为"不太和谐"。[①]

二、师生交流相关问题

(一) 师生交流的时间

从总体上看,师生都认为课后时间是最常用的交流时间,且认可教师教学和研究任务繁重是阻碍师生交流的最重要原因。

教师除了上课时间外,与学生交流的时间,频率从高到低依次为课后(49.3%)、周末或节假日(25.4%)、课间(24.9%)。从数据可以看出,教师与学生在课堂上和课后的交流是最主要的,其他时间的交流很少。具体见图4-11:

---

① 王燕,谷秀娟.对高校师生关系现状的调查研究——以太原科技大学为例[J].体育科技文献通报,2012(3):21—23,93.

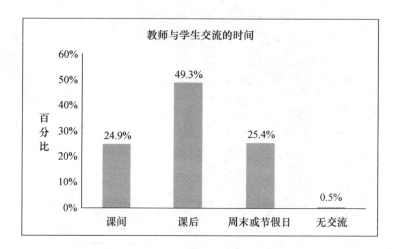

图 4-11　教师与学生交流的时间

学生除了上课时间外,与老师交流的时间从高到低依次为课后(46.8%)、课间(24.5%)、周末或节假日(15.2%),有 13.5% 的学生选择了无交流。有 54.8% 的学生偶尔与老师交流,32.3% 的学生经常与老师交流。从数据可以看出,部分学生与老师的交流不多,且主要集中在课后的短暂交流。具体见图 4-12:

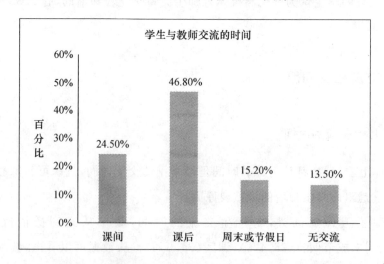

图 4-12　学生与老师交流的时间

(二)师生交流的频率

从交流的频率来看,多数(58.9%)教师表示自己经常主动与学生交流,只有不到 1/3 的学生表示会经常主动与教师交流,具体见图 4-13。这种差别可能与师生的角色认知有关,教师在教学中处于主动地位,可以选择不同的方式与学生交流;而学生相对被动,学生往往不愿意主动与教师交流,或者不清楚以何种方式与教师交流。此外,这种差别与师生的数量不对称也有关系,教师与学生是一对多,交往机会和频率不对等,教师主动与学生交往的机会比较多,频率也高;而学生主动与教师交往的机会比较少,特别是普通学生。

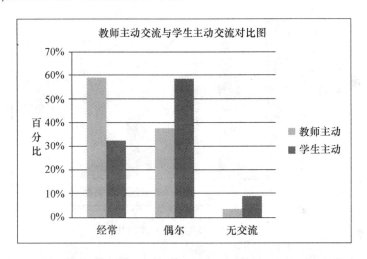

图 4-13　教师主动交流与学生主动交流对比图

这一数据与邹强、罗木珍的一项调查研究结论基本一致,该调查数据显示有29.8%的学生很希望并愿意主动和老师交流,54.2%的学生认为"如果方便的话,能交流也不错"①。另外,李剑的一项调查研究也证实了这一点,该调查显示,28%的学生很希望并愿意主动和教师交流,55%的学生认为"如果机会恰当的话,可以交流"。②

多数学生愿意与教师交流互动,以获得帮助和支持;而多数教师也乐意与学生交流互动,以了解学生对教育教学的意见和建议,帮助教师提高教学水平,达到"教学相长"。

(三) 师生交流的方式

问卷调查显示,当前师生交流最主要的方式为面谈,这也与前文中师生交流时间主要集中在课后的调查结果相符。在学生问卷中,问到"您与老师交流的方式"

---

① 邹强,罗木珍.对当前大学师生关系现状的调查与思考[J].高等教育研究学报,2007(1):97—100.
② 李剑.高校师生关系现状调查研究[J].教育与职业,2009(1):45—46.

时,按照重要程度从高到低排列依次为面谈、电话、网络、开展活动;在教师问卷中,当问到"您与学生交流的方式"时,按照重要程度从高到低排列依次为面谈、网络、电话、开展活动。具体见图4-14:

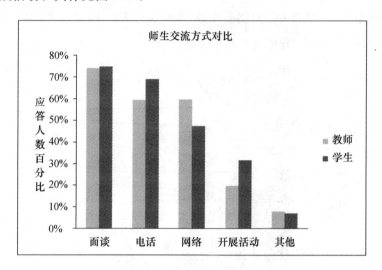

图 4-14　师生交流方式对比

电话交流和网络交流是重要的师生交流方式,随着信息时代的发展,电话和网络交流的比重将会越来越大。尤其是近年来即时通信工具(如 QQ、MSN 等)和新一代网络信息交互平台(如人人网、博客、微博等)的兴起和流行,将会对师生交流方式产生较大影响,未来网络平台的交流将在师生交流中占据越来越重要的地位。目前已经有不少教师开始注意网络工具的运用,通过班级 QQ 群、班级博客、班级微群、师生微博互动等途径加强与学生的交流、促进师生互动,取得了良好的成效。

(四) 师生交流的对象

从总体上看,教师与学生干部、"好学生"的交流较多,而学生与任课教师的交流较多。这主要是由于教师教学和管理工作中常常需要学生干部的协助,而学生与任课教师在定期的课程教学中有较为频繁和持续的互动。

具体地说,在问到教师"您与哪些学生交流较多"时,交流从多到少依次为学生干部、学习成绩好的学生、经常违纪的学生、学习或生活有困难的学生、普通学生。具体见表4-14:

表 4-14　教师与不同类型学生的交流频率

学生类型	频数	应答人数百分比
学生干部	140	66.4%
学习成绩好的学生	136	64.5%
经常违纪的学生	79	37.4%
学习或生活有困难的学生	73	34.6%
普通学生	47	22.3%
其他	12	5.7%

在问到学生"您与哪些老师交流较多",按照频率从高到低依次为任课教师、班主任和辅导员、教辅人员。具体见表 4-15：

表 4-15　学生与不同岗位教师的交流频率

教师岗位	频数	应答人数百分比
任课教师	1986	70.1%
班主任、辅导员	1965	69.4%
教辅人员	731	25.8%

在师生交往中,教师定期与学生有课堂互动,而班主任、辅导员由于工作性质与特点使然,也经常与学生打交道,相比之下,教辅人员与学生的互动机会较少。这一数据结果也得到了相关研究的佐证。邹强、罗木珍的研究表明,在师生交往频率中"经常"和"时常"两个选项上,班主任的比例为 57.1%,辅导员的比例为 39.5%[①],均属于与学生交往较多的教师群体。

(五) 师生交流的内容

从总体来看,在师生交流主要内容方面,教师和学生都比较关注专业知识和技能、学生职业生涯、学习生活中的问题。在关注程度上,教师和学生的反应有一些不同。

在教师问卷中,师生交流的内容按应答次数百分比从高到低依次为学生学习与生活中遇到的问题(69.9%)、本专业相关的知识与技能(69.4%)、学生职业生涯发展(65.1%)、对学生的看法和建议(62.7%);在学生问卷中,师生交流的内容按照应答次数百分比从高到低依次为学生职业生涯发展(71.4%)、本专业相关的知识与技能(68.8%)、学生学习与生活中遇到的问题(58.7%)、对学生的看法和建议

---

① 邹强,罗木珍.对当前大学师生关系现状的调查与思考[J].高等教育研究学报,2007(1):97—100.

(35%)。在师生交往中,学生希望与教师进行多方面的交流,除了专业学习方面的内容外,学生更希望老师了解和关心他们的内心体验与感受、关注他们的个性和独特需求。具体见表4-16:

表4-16 师生交流的内容

交流内容	频数		应答人数百分比	
	教师主动	学生主动	教师主动	学生主动
与本专业相关的知识与技能	145	1945	69.4%	68.8%
学生职业生涯发展	136	2018	65.1%	71.4%
学生学习与生活中遇到的问题	146	1657	69.9%	58.7%
对学生的看法和建议	131	989	62.7%	35.0%
对教师的看法和建议	46	3	22.0%	0.1%
其他	1	9	0.5%	0.3%

这一数据结果也得到了相关研究的佐证。邹强等人的研究显示,在师生交流的内容方面,59.7%的学生选择"自己生活和学习中遇到的挫折和快乐",54.2%的学生选择"本专业的学习心得和体会",42.1%的学生选择"与本专业有关的知识和该领域的发展状况"。[①] 李泽民对广州地区7所高校学生的抽样调查结果也证实了这一点。该调查显示,学生对"若有机会与老师交流,您希望和老师交流什么(多选)"这一问题的回答结果选择前三位的是:本学科的学习心得和体会(56.94%)、学习人生经验(56.11%)、自己生活和学习中所遇到的困难和挫折(43.19)。[②]

这种不同与教师和学生各自的角色和社会环境两个因素有关。教师多关注教学效果,因此比较注重学生学习生活中的问题、专业知识和技能掌握情况;学生则比较关注专业知识技能学习情况和职业生涯规划问题,这主要是由于当前社会环境下就业压力持续增加,促使学生更加关注这些实际问题。

(六)师生交流的时机

在师生交流的时机上,学生和教师有较强的一致性,大多是在课堂上发现问题后就会进行交流。在师生交流中,60.6%的教师在课堂上发现问题后会主动与学生交流,其次当学生面临升学与就业等重大问题时(16%)和学生遇到挫折时

[①] 邹强,罗木珍.对当前大学师生关系现状的调查与思考[J].高等教育研究学报,2007(1):97—100.
[②] 李泽民.高校师生关系现状与发展研究——基于广州地区7所高校的调查[J].教育导刊,2010(7):27—30.

(15%);57.4%的学生在课堂上发现问题后会主动与老师交流,其次为遇到升学与就业等重大问题时(23.2%)和遇到挫折或不能处理好与同学间关系时(13.6%)。具体见表4-17:

表 4-17　师生交流的时机

交流内容	频数		百分比	
	教师主动	学生主动	教师主动	学生主动
在课堂上发现问题后	129	1644	60.6%	57.4%
学生面临升学与就业等重大问题时	34	665	16.0%	23.2%
学生遇到挫折时	32	390	15.0%	13.6%
随兴所至	18	165	8.5%	5.8%
合计	213	2864	100.0%	100.0%

从交流的时机和内容来看,师生交流主要是一种问题为本的交流。学生在课堂上遇到学习方面的问题、学生遇到挫折、面临重大问题时,都会与教师交流、寻求教师的帮助。当然,多数在课堂和课后交流也反映出师生在其他时间段的交流不多,结合师生交流时间的数据,不难发现目前师生关系从总体上来说还是问题为本、课堂核心,在课堂之外的交流还是整体偏少。

(七) 师生交流的影响因素

数据显示,有54%的老师表示自己经常与学生交流,35.7%的老师偶尔与学生交流,只有3.4%的老师选择了"无交流"。而缺乏交流的主要原因在于教学、研究任务繁重(52%),另外,"没有共同语言"也成为影响师生交流的一个重要因素。具体见图4-15:

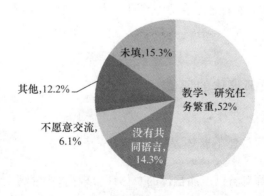

图 4-15　教师认为影响师生交流的原因

从学生的角度来看,也认为缺乏交流的主要原因在于教师教学和研究任务繁重(62%)。另外,"没有共同语言"也是一项重要原因。具体见图4-16:

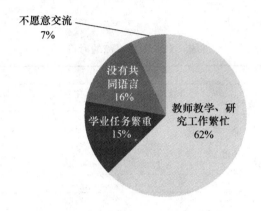

图 4-16　学生认为影响师生交流的原因

学生对影响交流原因的认知与教师基本一致,凸显出当前教师任务繁重,使教师没有时间和精力在课余时间与学生交流。当然,这其中也难免有一些教师不愿意花费时间和精力与学生交流,而是专注自己的职业成长的原因。

交流是双向的,尤其是课堂教学之外的师生交流,更突出师生双方的主体性和平等性,这种平等性也对师生交流的话语体系提出了新的要求,师生之间的交流不应该是灌输、说教、批评,而应该是倾听、分享、鼓励、接纳的良性关系。从目前来看,这种良性关系还没有形成风气,良好师生关系的构建还有很长的路要走。

同时,师生之间没有共同语言,也反映出当前不少教师对学生的身心特点把握不够、对学生群体的交流方式不够熟悉、对学生群体的话语体系不够了解,和学生交流时总有一些隔阂,师生之间存在"代沟",影响了教师群体与学生群体的顺畅交流。

三、师生对当前教师群体的评价

(一) 师生对教师群体的整体评价

教师问卷中,教师对自己所属群体的总体评价较高,非常满意和比较满意的分别占到44.1%和40.8%。其中教师工作态度的满意度最高(非常满意和比较满意达到93%),以下依次为教师思想道德品质、教师教学水平和专业素质。具体见表4-18:

表 4-18　教师对所属群体的评价

评价维度	非常满意	比较满意	一般	不满意	非常不满意
教师工作态度	50.7%	42.3%	7.0%		
教师教学水平	49.2%	34.7%	13.3%	2.8%	
教师专业素质	39.9%	41.8%	15.5%	2.8%	
教师思想道德品德	47.4%	39.4%	10.3%	2.4%	0.5%
对教师的总体评价	44.1%	40.8%	15.1%		

学生对教师的总体评价也较高,非常满意和比较满意的分别占到52.2%和35.7%。其中教师工作态度的满意度最高(非常满意和比较满意达到89.9%),以下依次为教师教学水平(87.3%)、专业素质(84.8%)和教师思想道德品质(84.8%)。具体见表4-19:

表 4-19　学生对教师群体的评价

评价维度	非常满意	比较满意	一般	不满意	非常不满意
教师工作态度	51.9%	38.0%	9.5%	0.3%	0.3%
教师教学水平	53.4%	33.9%	9.6%	2.8%	0.3%
教师专业素质	49.7%	35.1%	12.9%	2.0%	0.3%
教师思想道德品德	49.0%	35.8%	13.7%	1.1%	0.4%
对教师的总体评价	52.2%	35.7%	11.1%	0.7%	0.3%

从统计数据来看,学生对当前教师群体的整体评价很高,但在教师专业素质、教师思想道德品德方面的评价略低,而教师对所属群体专业素质的评价也略低,这是一个值得注意的现象。师生对教师群体的评价数据与李壮成、张丽的研究结果基本相符,该研究显示,认为教师对学生的态度"热情"和"比较热情"的教师占100%,学生占97.5%;在"教师的整体素质"和"教师的敬业精神"两方面,学生认为"好"和"较好"的分别占93%和98.7%。[①]

学生对教师的思想道德品德方面的评价略低,可能是受到当前社会环境尤其是大众传播媒介的影响,目前新闻媒体、网络平台等大众传播媒介经常报道和发布一些关于教师群体尤其是高校教师群体在思想道德、学术规范等方面的负面案例,可能会对学生群体的认识产生一定影响。

教师和学生对当前高职院校教师专业素质的评价都略低于工作态度、教学水平的评价,这可能与当前高职教育的实际情况有关。高职教育重实践教学和动手

[①] 李壮成,张丽.大学师生关系现状及原因分析[J].达县师范高等专科学校学报(社会科学版).2004,(4):88—91.

能力,普通本科教育和研究生教育注重理论素养和研究能力,高职院校的师资来源目前主要是相关专业的研究生和本科生,其实际动手操作的能力和实践教学的能力可能与当前高职教育的要求略有差距,在讲授理论课时有优势,但在讲授实验课、实践课时就难免会有一些短板,这可能是当前教师群体和学生群体对高职院校教师专业素质评价略低的原因。

（二）教师工作状态与学生学习状态评价

从教师的工作状态来看,多数学生认为教师的工作状态较好,回答"很好"（21.44%）和"较好"（62.12%）占到总人数的83.56%。具体见表4-20：

表4-20　学生对教师工作状态的评价

教师工作状态	频数	百分比
很好	614	21.44%
较好	1779	62.12%
一般	447	15.61%
较差	24	0.83%
合计	2864	100.0%

教师对学生学习状态的评价相对稍低,认为学生的学习状态很好和较好的占66.1%,有近30%的教师认为学生的学习状态一般,数据反映出当前学生的学习状态有待加强。具体见表4-21：

表4-21　教师对学生学习状态的评价

学生学习状态	频数	百分比
很好	41	19.2%
较好	100	46.9%
一般	63	29.6%
较差	8	3.8%
很差	1	0.5%
合计	213	100.0%

高职院校学生学习基础薄弱是客观实际,学习状态不佳也是现实情况,高职院校的教师应当摆正心态,正确看待这种现实。得天下英才而育之,固然能够教学相长、桃李满园,但高职院校教师如果能用优势视角看待每一个学生、因材施教、引导学生不断进步、超越自我,也能够师生相得、收获桃李芳菲。作为一名教师,有责任、有义务帮助学生在大学期间建立良好的学习习惯和思维习惯,应该想方设法调

动学生的积极性和主动性,改善学生的学习状态,帮助学生、带动学生不断前进。

(三) 师生相互尊重

大多数教师和学生认为对方在尊重自己方面做得较好,师生相互尊重的氛围较好。有17.4%和46.9%的教师认为学生在尊敬师长方面做得很好和较好,达到总人数的64.3%,选择一般的为27.7%,选择较差和很差的占到8%,数据也反映了部分教师认为学生不够尊敬师长。这也与李壮成、张丽的相关研究数据相符,该研究表明,认为学生对教师"尊重"和"比较尊重"的学生占96.8%,教师占100%[①]。具体见表4-22:

表4-22 学生尊敬师长

学生尊敬师长	频数	百分比
很好	37	17.4%
较好	100	46.9%
一般	59	27.7%
较差	15	7.1%
很差	2	0.9%
合计	213	100.0%

16.3%和65.2%的学生认为教师在尊重学生方面做得很好和较好,达到总人数的81.5%,选择一般的为14.7%,选择较差的占到3.8%。具体见表4-23:

表4-23 教师尊重学生

教师尊重学生	频数	百分比
很好	466	16.3%
较好	1867	65.2%
一般	421	14.7%
较差	110	3.8%
合计	2864	100.0%

此数据也与前文中师生关系"亦师亦友"和"师徒关系"占多数的情况相符,显示出当前师生关系中相互尊重是主流状态。

学生对教师的尊重,既出于对教师个人学识、魅力的敬仰,也出于对知识的尊

---

① 李壮成,张丽.大学师生关系现状及原因分析[J].达县师范高等专科学校学报(社会科学版),2004(4):88—91.

重和渴求,这与我国传统文化中尊师重道的内涵是一致的,也与学生一直以来接受的"尊敬师长"、"尊师重道"的教育理念一致。

教师对学生的尊重,主要出于对学生个体的和人性的尊重,近年来教育理念中师生平等的理念越发深入人心,"亦师亦友"的关系定位促进了教师对学生个人的尊重;同时,传统文化中"教学相长"的理念在高职教育中也得到了越来越多的体现,高职教育教学中师生互动交流频繁,也在一定程度上使教师更加尊重学生、重视学生的个性和独特性。

四、师生交往中存在的问题

(一) 师生互动中的冲突

在师生互动中,冲突也是存在的,发生冲突的主要原因在于课堂纪律、评优和入党等问题上。互动与冲突相伴而生,在持续的互动中隐藏着潜在的冲突。尤其在涉及双方的角色和利益时,冲突就难免发生了。师生冲突的原因主要集中在课堂纪律上,这主要是由于教师为了稳定教学秩序、保证教学效果,在课堂纪律方面有一定的要求,因此就与部分学生自由散漫的行为习惯产生了冲突。另外,评优、入党等问题涉及学生的切身利益,而在当前制度下,教师尤其是班主任和辅导员在这方面有较强的话语权,在评定时与学生发生冲突或争执也就在所难免了。

11.7%的教师表示经常与学生发生冲突,37.6%的教师偶尔与学生发生冲突,从未和学生发生冲突的为50.7%。具体见表4-24:

表4-24 教师与学生发生冲突的频率

冲突发生的频率	频数	百分比
经常	25	11.7%
偶尔	80	37.6%
从未	108	50.7%
合计	213	100.0%

在曾经与学生发生冲突的教师(占教师样本总量的49.3%)看来,冲突的主要原因是课堂纪律(52.68%),其次是评优和入党等问题(35.71%)和考试成绩(7.14%)。具体见表4-25:

表 4-25　教师与学生发生冲突的原因

冲突发生的原因	频数	百分比
课堂纪律	59	52.68%
考试成绩	8	7.14%
评优、入党等问题	40	35.71%
其他	5	4.47%
合计	112	100.0%

73.6%的学生表示从未与老师发生冲突,有21.7%的学生表示偶尔与老师发生冲突,而4.7%的学生表示经常与老师发生冲突。具体见表4-26:

表 4-26　学生与教师发生冲突的频率

冲突发生的频率	频数	百分比
经常	136	4.7%
偶尔	620	21.7%
从未	2108	73.6%
合计	2864	100.0%

在曾经与老师发生冲突的学生(占学生样本总量的26.4%)看来,自己与老师发生冲突的主要原因是评优和入党等问题(38.757%),其次是课堂纪律(27.646%)和考试成绩(20.899%)。具体见表4-27:

表 4-27　学生与教师发生冲突的原因

冲突发生的原因	频数	百分比
课堂纪律	209	27.646%
考试成绩	158	20.899%
评优、入党等问题	293	38.757%
其他	96	12.698%
合计	756	100.0%

值得注意的是,冲突的原因大多缘于对方侵犯了自己的切身利益。教师认为自己与学生发生冲突的首要原因是课堂纪律,这主要是因为学生扰乱课堂纪律的行为对教师的教学造成了困扰和挑战;而学生认为自己与教师发生冲突的首要原因是评优、入党等问题,这主要是由于教师在这方面的评判会直接影响到学生在校期间的表现和一些具体、实际的利益获得。

一般来说,师生之间的冲突会对师生关系乃至教育教学产生一定的不良影响,容易影响师生的身心健康,造成师生对立情绪,不利于师生关系的融洽;容易干扰正常教学秩序,不利于教学任务的完成和教学质量的提高;严重的甚至会引发一系列法律问题和社会问题,影响学校的声誉和形象。

但在社会冲突理论看来,一定程度的冲突也有正向的作用。冲突有利于双方澄清和认识校园生活和社会生活的一些规则,尤其是教师在维持教学秩序时与学生发生的冲突,可以使在场的学生澄清课堂纪律,在一定程度上提高遵守纪律的自觉性;同时,师生之间的冲突也可以使双方反思当前校规校纪中的一些不合时宜、不够人性化的规定,激发校方、师生重新思考学校中的各种规章制度,转变教育观念,制定符合时代特征、适应学生需求的校规校纪。另外,师生之间的某些小冲突也可以定期不定期地帮助教师和学生释放一些心理压力和不良情绪,一定程度上化解了教师与学校、学生与教师之间的矛盾与紧张,避免了更大的矛盾和冲突的积累。

根据师生冲突产生的原因,学者们提出师生冲突应对的五条途径。其一,建立民主、平等的对话关系。教师过度强化权威的作用,滥用对学生的管理权力,势必导致师生冲突一旦爆发就难以消解的局面。解决这种师生冲突的关键在于消解教师权威的合法性,建立一种民主、平等的对话关系。其二,掌握高超的教育艺术和教育智慧。师生冲突发生的伊始一般都不是对抗性的,这就需要教师运用高超的教育艺术来把握住课堂变化的脉搏和发展趋势,及时采取灵活有效的应变策略,使其向良性方向发展。教育智慧并不在于能预见到课堂的具体细节,而在于根据当时的具体情况,巧妙地在不知不觉中作出相应的变动。其三,加强自身修养,提高自我控制的能力,保持良好的教学心境,面对复杂问题,始终都能控制情绪,冷静处理。其四,树立教育法制观念,使自己处理问题行为的方式控制在教育法律所规定的范围之内。其五,教师要实行民主管理,引导学生加强自我管理。[①]

(二) 师生关系中存在的主要问题

总的来说,大多数师生都认可目前师生关系存在的主要问题是师生交流互动少,影响了健康、持续的师生关系的形成和维持。

从教师的角度来看,65.3%的教师认为师生关系存在的主要问题是师生交流少,也有学生不尊重教师(11.7%)、教师不关心学生(10.8%)等原因。具体见表4-28:

[①] 陈贵虎.社会学视角中的师生冲突[J].中国成人教育.2008,(5):23—24.

表 4-28　教师认为师生关系存在的主要问题

主要问题	频数	百分比
师生交流少	139	65.3%
学生不尊重教师	25	11.7%
教师不关心学生	23	10.8%
其他	26	12.2%
合计	213	100.0%

学生对问题的认识与教师基本一致。71.5%的学生认为师生关系存在的主要问题是师生交流少,也有学生不尊重教师(15.6%)、教师不关心学生(9.2%)等原因。具体见表 4-29：

表 4-29　学生认为师生关系存在的主要问题

主要问题	频数	百分比
师生交流少	2049	71.5%
学生不尊重教师	447	15.6%
教师不关心学生	263	9.2%
其他	105	3.7%
合计	2864	100.0%

从数据结果来看,师生交流少是影响师生关系发展和维持的首要因素,这也与前文中师生交流时间、交流频率的数据结果相符。目前师生交流主要集中在课堂和课后,时间短暂而且很难深入细致;而且有将近 1/2 的教师和 2/3 的学生不主动与对方交流,影响了师生关系的健康发展。

这项结果也得到了相关研究的证实。邹强等研究发现,大学生与教师交往不仅机会少,而且时间也少。仅 4.2%的学生认为有时间和机会并随时可与老师进行交流,而 38.7%的学生认为有时间和机会但很少与教师进行交流,另外,有高达 40.8%的学生认为与教师基本没有交流的时间与机会。[①] 殷红等人的研究也证实了这一发现,该研究指出,"教师和学生都认为二者之间沟通次数太少,一门课程结束后,许多同学都从来没有和专业教师交谈过,很多老师都不认识自己上课班级的学生。学生希望从老师那里得到关于学习等方面的指导,但能和老师进行交流的机会非常有限。教师希望从学生那里得到真诚的信息反馈从而不断提高教学质

---

① 邹强,罗木珍.对当前大学师生关系现状的调查与思考[J].高等教育研究学报.2007,(1):97—100.

量,但学生反映非常冷漠,其原因在于沟通次数太少,彼此都感到陌生。"①

目前很多教师和学生都已经认识到了师生交流过少的问题,未来应该着重在增加师生交流机会、促进师生主动交流、深入交流方面下工夫。尤其在关系到专业知识技能学习、学生升学就业等职业生涯发展的核心问题、学生生活中遇到的实际困难等方面,教师应该注意动态、主动与学生交流、多关心学生,成为学生的"良师益友";学生也应当主动向教师请教学习,逐步与教师建立"亦师亦友"的良性关系。

五、师生心目中的对方

(一) 受欢迎教师的特点

师生都认为"师德高尚"、"知识广博"、"公平公正"、"工作认真"、"技能高超"是受欢迎教师的重要特点。在教师看来,"知识广博"(73.1%)是受欢迎教师最主要的特点,其次是"师德高尚"(68.3%)、"工作认真"(59.1%)和"技能高超"(51.4%)。而在学生看来,"工作认真"(67.5%)是受欢迎教师最重要的特点,其次是"师德高尚"(62.6%)、"公平公正"(58.3%)、"技能高超"(56.2%)和"知识广博"(56.1%)。具体见表4-30:

表4-30 师生对受欢迎教师特点的认识

受欢迎教师的特点	频数		应答人数百分比	
	教师评价	学生评价	教师评价	学生评价
师德高尚	142	1751	68.3%	62.6%
知识广博	152	1568	73.1%	56.1%
技能高超	107	1571	51.4%	56.2%
工作认真	123	1889	59.1%	67.5%
公平公正	88	1630	42.3%	58.3%
尊重学生	72	844	34.6%	30.2%
善于沟通	50	509	24.0%	18.2%
关爱学生	59	899	28.4%	32.1%
风趣幽默	33	709	15.9%	25.3%

数据显示,教师与学生在"什么样的教师受欢迎"方面的认知有一致性,也有一

---

① 殷红,汪庆春,李良.高等学校和谐师生关系研究[J].重庆大学学报(社会科学版).2007,(2):138—140.

些差异。教师注重自身的学识和师德修养,而学生关注教师的工作态度、师德修养和公平公正,这与双方各自的定位有关。传统上教师的职责是"传道、授业、解惑",社会对教师的角色要求是"学为人师,行为世范",对教师的学识和师德修养提出了很高的要求,教师也比较关注这两个特点。对学生来说,首先关注的是教师的工作态度,其次是教师的师德修养,这两方面是对教师态度和修养的要求。而学生对教师公平公正的要求,主要是由于学生希望教师能够在成绩评定、评优、入党等问题上保持客观和公平公正,保障学生的切身利益,在这个意义上,学生表达出了不同于教师的诉求。

值得一提的是,56.2%的学生和51.4%的教师都认为"技能高超"是受欢迎教师的一个特点,这也与高职院校的教育理念和教学特点有关。高职院校的人才培养目标是培养高素质应用型技能人才,职业技能培养是高职院校区别于普通本科院校的重要特点。因此,在高职院校中,技能高超的教师往往受到学生的追捧和认同。

(二)不受欢迎教师的特点

调查显示,"不公平公正"、"不负责任"、"不尊重学生"、"言行不一"是不受欢迎教师的几个主要特点。在教师看来,"不公平公正"(62.6%)是不受欢迎教师最主要的特点,其次是"不尊重学生"(51.9%)、"不负责任"(48.1%)和"言行不一"(41.3%)。学生的认知与教师基本一致,也认为"不公平公正"(74.8%)是不受欢迎教师最重要的特点,其次是"言行不一"(51.5%)、"不负责任"(50.1%)、"不尊重学生"(49%)。具体见表4-31:

表4-31 师生对不受欢迎教师特点的认识

不受欢迎教师的特点	频数		应答人数百分比	
	教师评价	学生评价	教师评价	学生评价
无真才实学	84	1148	40.8%	40.8%
不负责任	99	1408	48.1%	50.1%
不尊重学生	107	1379	51.9%	49.0%
不公平公正	129	2104	62.6%	74.8%
不关心学生	52	964	25.2%	34.3%
言行不一	85	1448	41.3%	51.5%
其他	41	1036	19.9%	36.8%

教师与学生都认为"不公平公正"是不受欢迎教师的最主要特点,凸显出师生

对教师"公平公正"的强烈诉求,这与教师在成绩评定、评优、入党的等问题上的话语权有关,也与当前环境下个别高校教师的不公平举动有关。目前个别高校教师对学生还存在着方方面面的不公平的做法,例如评优评先照顾关系户,鳞选学生干部、发展学生党员夹杂太多的非工作因素,为登门拜访送礼的学生提分数,随意为学生综合测评加分等,严重影响了教师公平公正的形象,违背了学生工作的基本准则和为人师表的基本守则。学生强烈希望教师能够公平公正、客观地对学生进行评价,能够"一碗水端平"。

学生不喜欢"言行不一"、"不负责任"的老师,这与传统"言传身教"、"因材施教"、"传道授业解惑"的教育理念有关,学生希望教师言行一致、言传与身教并重,希望能从教师身上学到知识技能、学到为人处世的道理。近年来媒体多有报道高校教师群体的一些负面信息,这也对学生产生了一定的影响,希望教师能够言行一致、认真负责、言传身教。

(三) 师生相互评价以正面为主

教师对学生、学生对教师的评价都有正反两方面,但均以正面评价为主。

1. 教师对学生群体的评价

教师对于学生群体的评价有正反两方面,正面为主体。正面的评价有积极向上、思维活跃、有活力、尊敬师长、热情、善良等。

负面的评价有不思学习、学习基础差、被动、缺乏目标、自我、不负责任、拜金主义等。这也从一个方面反映出当前高职院校学生群体学习基础较差、学习热情不高等客观实际,但正是因为如此,才更需要建立良好的师生关系、更需要教师的悉心教导和指导,帮助学生培养良好的学习习惯、顺利度过大学三年生活、逐步成长为一名高素质应用型技能人才。

2. 学生对教师群体的评价

学生对于教师群体的评价绝大多数是正面的,包括爱岗敬业、关爱学生、才多识广、德高望重、尊重学生、风趣幽默、公平公正、经常和学生沟通、真诚、耐心、专业素质高、认真负责、良师益友等。

负面的评价有霸道、强迫、危险、不负责任、不关爱学生、才疏学浅、专业素质低、良莠不齐、啰嗦、缺乏沟通、心境不宽广、视野窄、形式化、虚有其名等。负面评价一方面基于学生与教师互动的实际体验,另一方面也基于电视、网络等大众传媒的宣传影响。尤其是近年来关于高校教师群体的负面新闻屡见报端,也在一定程度上影响了学生对教师群体的评价。

六、师生关系动机问题

(一)师生交往动机

数据显示,教师和学生对于师生交往动机的认识基本一致,主要是"获取人生经验与指导"、"学到更多的知识和技能"。42.7%的教师、50.5%的学生认为师生交往的主要动机是"获取人生经验与指导",22.5%的教师和36.8%的学生认为"学到更多的知识和技能"是主要动机。具体见表4-32:

表4-32 教师和学生对交往动机的认识

师生交往动机	频数		百分比	
	教师认识	学生认识	教师认识	学生认识
学到更多知识和技能	48	1053	22.5%	36.8%
获取人生经验与指导	91	1447	42.7%	50.5%
搞好关系	40	266	18.8%	9.3%
其他	34	98	16.0%	3.4%
合计	213	2864	100.0%	100.0%

多数学生希望能从教师那里获得人生经验与指导,这种渴求超过了对专业知识和技能学习的期待,这反映出学生希望教师能够多分享人生经验、对学生的学习生活和职业生涯发展提供更多指导和建议。

学生的这种诉求对教师的教育教学方式提出了新的要求和挑战,对教师"传道"的需求超过了"授业解惑"的需求,未来教师应当注重在教授专业知识和技能的同时,注重学生职业素养、综合素质的培养,注重个人经验的分享和对学生未来发展的针对性指导。只有这样,学生才会愿意与教师交流、主动与教师交流,达到教学相长、互相促进的目的。

另外,也有18.8%的教师和9.3%的学生认为师生交往的动机是"搞好关系",这也是值得注意的问题。教师在学生学业评价、评优、入党等问题上拥有重要的发言权甚至决定权,这是部分学生要与教师"搞好关系"的客观原因。未来应当在学生评价指标体系、评价机制等方面加以改革,降低教师个人因素对学生评价的不良影响,使学生评价更趋公开、公平、公正。

(二) 师生之间相处态度的影响因素

1. 教师对学生的态度

教师对学生的态度主要取决于学生行为的好坏(62.1%)、学习成绩的优劣(42.7%),私人关系的远近(19.9%)也是一项影响因素。具体见表4-33:

表 4-33　教师对学生态度的影响因素

影响因素	频数	应答人数百分比
学习成绩的优劣	90	42.7%
学生行为的好坏	131	62.1%
私人关系的远近	42	19.9%
其他	55	26.1%

教师对学生的态度,事实上主要取决于学生在教师面前的表现,"好学生"往往能够得到教师的青睐和肯定,受到更多的关注和关心;"坏学生"有时也能得到教师的关注,但往往是批评和否定。这在一定程度上可以解释前文教师与不同类型学生的交流频率不同的问题。前文曾经提到,教师与学生交往的比例从高到低依次是学生干部(66.4%)、学习成绩好的学生(64.5%)、经常违纪的学生(37.4%)、学习或生活有困难的学生(34.6%)、普通学生(22.3%)。一般来说,在教师眼中,学生干部、成绩好的学生往往在行为表现上比较符合教师的期望,而经常违纪的学生往往"表现较差"。这三类学生更容易受到教师的关注,各方面表现普通的学生与教师的交流比这三类学生都少。

另外,私人关系的远近不可避免地会影响教师对学生的态度,同时私人关系也会受到学生行为表现、学业表现和师生交流频率的影响,教师往往与学生干部、成绩较好的学生关系较为密切,双方的互动较为频繁和深入。

2. 学生对教师的态度

学生对教师的态度主要受师德(77.3%)、教学水平(63.3%)两个因素的影响,私人关系的远近(20.7%)也是一项影响因素。具体见表4-34:

表 4-34　学生对教师态度的影响因素

影响因素	频数	应答人数百分比
教学水平	1811	63.2%
师德	2213	77.3%
私人关系的远近	593	20.7%
其他	112	3.9%

学生对教师的态度,主要受到师德和教学水平两个因素的影响。学生对教师的要求也集中在这两个方面:师德方面要求教师"行为世范",希望教师言行一致、认真负责、尊重学生、公平公正,在道德方面影响和熏陶学生成长;教学水平方面要求教师"学为人师",希望教师学识广博、技能高超,在专业知识和技能方面教育和引领学生进步。

七、教师对学生的帮助

从学生向教师寻求帮助和教师提供帮助的互动角度看,教师一般情况下会有求必应。学生在向教师寻求帮助时,有58.2%的教师表示会有求必应,34.7%的教师会视情况而定,7.1%的老师选择没有帮助。学生对此问题的认识和教师基本一致,51.3%的学生表示向老师寻求帮助时有求必应,38.1%的学生表示向老师寻求帮助时老师会视情况而定,10.6%的学生表示老师没有帮助自己。具体见表4-35:

表4-35 学生向教师寻求帮助时教师的表现

教师表现	频数		百分比	
	教师评价	学生评价	教师评价	学生评价
有求必应	124	1467	58.2%	51.3%
视情况而定	74	1092	34.7%	38.1%
没有帮助	15	305	7.1%	10.6%
合计	213	2864	100.0%	100.0%

从前文数据来看,学生主要向教师寻求关于职业生涯发展(71.4%)、本专业相关的知识与技能(68.8%)、学生学习与生活中遇到的问题(58.7%)、对学生的看法和建议(35%)等方面的帮助,对教师的要求主要是在经验分享、生涯规划指导、专业学习辅导等方面,这些正是教师的长处和优势,因此教师往往乐于提供这方面的帮助和指导。师生关系的融洽与否,事实上与教师能否热心、认真帮助学生解决学习生活中面临的各种挑战和问题密切相关,尊重学生、热爱学生、乐于帮助学生的教师往往受到学生的肯定和欢迎。

八、对建立良好师生关系的信心

大部分教师和学生都有信心建立良好的师生关系,72.8%的教师对建立良好的师生关系有信心,51%的学生对建立良好的师生关系有信心。但同时也有43.2%的学生和25.4%的教师对建立良好的师生关系的信心不强,表示"说不清楚"。具体见表4-36:

表4-36 对建立良好师生关系的信心

是否有信心	频数		百分比	
	教师评价	学生评价	教师评价	学生评价
有	155	1461	72.8%	51.0%
说不清	54	1237	25.4%	43.2%
没有	4	166	1.8%	5.8%
合计	213	2864	100%	100%

总的来说,多数教师对建立良好师生关系有信心,但43.2%的学生对此信心不强,联系前文中提到的只有不到1/3的学生会主动与教师交流情况,不难看出学生在师生关系构建中的被动心态和定位。这也与当前高职教育乃至整个教育体系中师生关系的实际情况吻合,教师在师生关系中处于相对主动和强势的地位。另外,从社会互动的理论视角来说,教师在双方的互动中拥有较多资源,在师生关系中拥有较强的话语权和主动权,而学生则处于相对弱势和被动的地位。虽然近年来强调"师生平等"、"教学双主体"等理念,但由于师生双方在知识占有、人生阅历、互动中的话语权等方面的差距,以及传统文化中"尊师重道"的价值熏陶,使得教师在师生关系中实际上一直处于较为强势和主动的地位。

因此,建立良好的师生关系,不仅要在学生身上下工夫,也应该注意调动教师的积极性,使教师认识到良好的师生关系对教师教学、育人和自我成长的重要意义,更新观念,真正重视良好师生关系的构建。

九、良好师生关系的关键词

教师认为建立良好师生关系的关键词有:尊重、公平公正、沟通、理解、关爱、开放、独立自主、端正心态、责任等。

学生认为建立良好师生关系的关键词主要有:公平公正、沟通、关爱、认真负责、爱岗敬业、平等、尊重、理解、关爱、宽容、真诚、不死板、不自以为是等。

但总的来说,师生这方面的认识并不统一,这也与李壮成、张丽的研究结果相符。该研究发现,关于"什么是新型的师生关系"的问题,师生给出了很多关键词,如"平等"、"信任"、"尊重"、"民主"、"融洽"、"理解"、"公正"、"真诚"等,答案各不相同,显示出目前教师与学生在这个问题上尚未形成一致的认识。[①]

第三节 不同学生群体对师生关系认识的比较研究

一、不同性别学生的比较

数据显示,男生与女生在对师生关系的认识方面基本一致,但在个别问题上的认识存在显著差异。

(一) 在师生关系定位方面的认识差异

在师生关系定位方面,男生与女生存在显著差异,$X^2=13.431$,显著度为$0.009<0.05$。如表 4-37 所示,男生将师生关系定位于"提供服务者与消费者"的比例为 12.6%,高于女生认为的 9.27%。这个数字也可以在一定程度上说明男生对师生关系定位的认识比女生更趋实际和功利取向。

表 4-37 男生和女生对师生关系的定位比较表

			对师生关系的定位				合计
			提供服务者与消费者	亦师亦友	师徒关系	其他	
性别	男生	频数	153	830	181	50	1214
		%	12.60%	68.37%	14.91%	4.12%	100.00%
	女生	频数	153	1150	240	107	1650
		%	9.27%	69.70%	14.55%	6.48%	100.00%
合计			306	1980	421	157	2864

[①] 李壮成,张丽.大学师生关系现状及原因分析[J].达县师范高等专科学校学报(社会科学版).2004,(4):88—91.

（二）在与教师交流时机方面的差异

在与教师交流的时机方面，男生与女生也存在显著差异，$X^2=12.614$，显著度为 $0.013<0.05$。如表 4-38 所示，男生在课间与教师交流的比例为 25.54%，高于女生的 23.58%；在周末或节假日与教师交流的比例为 16.72%，高于女生认为的 13.88%。而且男生与教师"无交流"的比例也低于女生 1.64 个百分点。

表 4-38　男生和女生与教师交流的时机比较表

性别			与教师交流的时机				合计
			课间	课后	周末或节假日	无交流	
性别	男生	频数	310	548	203	153	1214
		%	25.54%	45.14%	16.72%	12.60%	100.00%
	女生	频数	389	797	229	235	1650
		%	23.58%	48.30%	13.88%	14.24%	100.00%
合计			699	1345	432	388	2864

但数据显示男女生在与教师的交流频率上并无显著差异，只是在交流的时机上有一些不同。这可能与男生的多外向、开朗的性格特点和行为方式有关，相比女生而言，男生比较善于采用共同进行体育运动等方式在课堂之外与教师展开交流。

（三）对阻碍师生交流因素的认识差异

图 4-17 的数据表示男女生对阻碍师生交流因素的认识比例，很直观地说明了男女生在阻碍师生交流因素归因上的差异。

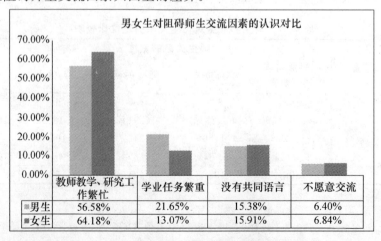

图 4-17　男女生对阻碍师生交流因素的认识差异

第四章　高职院校师生关系现状调查与分析

从归因维度来说,男生对阻碍师生交流因素的归因更倾向于内部归因。21.65%的男生认为自己的学业任务繁重是影响师生交流的因素,比女生高出近9个百分点。64.18%的女生倾向于认为"教师教学、研究工作繁忙"是阻碍师生交流的主要因素,56.58%的男生认同这一理由,女生比男生高出近8个百分点。

从以上分析可以看出,在阻碍师生交流的因素上,男女生存在一定差异,男生更倾向归因于自我学业任务繁重,无暇与教师交流,女生则更倾向归因于教师没有时间和精力主动与学生交流。

(四) 在建立良好师生关系信心方面的差异

女生对建立良好的师生关系有较强的信心,56.12%的女生有信心与教师建立良好的师生关系,比男生高出6.7个百分点。相应的,男生选择"说不清"和"没信心"两项的比例均高于女生,43.08%的男生对建立良好的师生关系信心不强,7.5%的男生表示没有信心建立良好的师生关系。具体见图4-18:

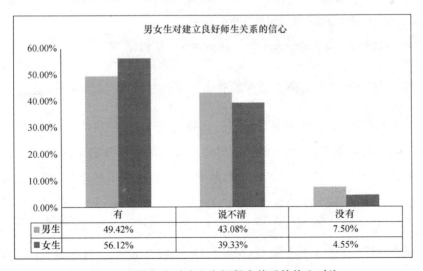

图 4-18　男女生对建立良好师生关系的信心对比

二、不同年级学生的比较

随着时间的推移和年级的增长,多数学生与教师之间逐渐相互熟悉、交流互动逐渐增多、关系逐渐趋向紧密。数据调查也证实了这一点,在对师生关系多项指标的认识中,都会随着年级的增长而发生变化,具体地说,主要有以下几个方面。

(一) 不同年级的学生对师生关系重要性的认知存在差异

用 One-way ANOVA 比较对师生关系认识的年级差异,结果表明不同年级之间的差异显著(见表 4-39)。进一步进行 POST HOT 检验可知,大三学生平均分最高(M=4.65,SD=0.633),大二学生平均分其次(M=4.08,SD=0.953),大三学生平均分最低(M=3.89,SD=1.065)。这意味着大三学生对师生关系重要性的评价最高,大二其次,大一的评价最低。

表 4-39 不同年级学生对师生关系的认识

	师生关系对自我学习的影响		
	大一	大二	大三
大一			
大二	−0.19***		
大三	−0.76***	−0.57***	

注:表中各数值表示相应年级得分的差值,为列减行的分值,如大一、大二年级对应的 −0.19 表示大一年级得分低于大二年级得分 0.19 分,下同。

* 表示 $p<0.05$,** 表示 $p<0.01$,*** 表示 $p<0.001$,下同。

(二) 不同年级学生对师生关系的整体评价存在差异

随着年级的增长,选择关系"很好"的比例逐步上升,依次为 43.1%、59.8% 和 89.2%。这说明随着学习时间的推移,学生与老师的关系日趋亲密。

同时,用 One-way ANOVA 比较对师生关系整体评价的年级差异,结果表明各年级学生的整体评价差异显著(见表 4-40)。进一步进行 POST HOT 检验发现,大三学生平均分最高(M=4.51,SD=0.961),大二学生平均分其次(M=4.21,SD=0.906),大一学生平均分最低(M=4.13,SD=0.893)。这意味着大三学生对师生关系的整体评价最高,大二其次,大一的评价最低。

表 4-40 不同年级学生对师生关系的整体评价

	师生关系对自我学习的影响		
	大一	大二	大三
大一			
大二	−0.08*		
大三	−0.38**	−0.3*	

第四章　高职院校师生关系现状调查与分析

(三) 不同年级学生与教师交往频率存在差异

从数据分析来看,随着年级的增长,学生与教师交流的频率不断增加,且与教师发生冲突的比例也有所下降。具体见图 4-19。

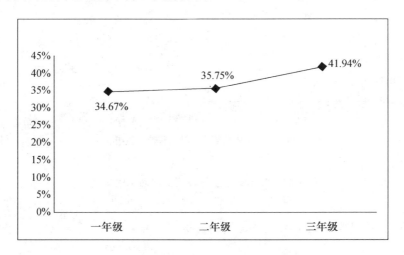

图 4-19　各年级学生经常与教师交流的比例

数据结果验证了常识判断,即随着师生相处的时间逐渐推移,师生之间的交流也会逐渐增多。学生在校时间越长,越倾向于主动与教师交流,而且其交流的主要动机也会发生变化。

(四) 不同年级学生与教师交往的动机存在差异

图 4-20 直观地描述了大一到大三学生与教师交往动机的变化:希望从教师那里"学到更多知识和技能"的学生比例不断下降,而希望"获取人生经验与指导"的比例不断上升。

数据的变化与不同年级学生的学习任务和生活经验有关。随着学习年限的增长,学生的主要任务也不断发生变化:从学习专业知识转到锻炼职业技能再到就业或升学,生活重心也逐渐从专业知识和技能学习转向了生涯规划和职业选择,因此学生向教师寻求帮助的问题和重点也不断变化,知识技能学习逐渐让位于人生指导,包括生涯规划、职业选择等问题。

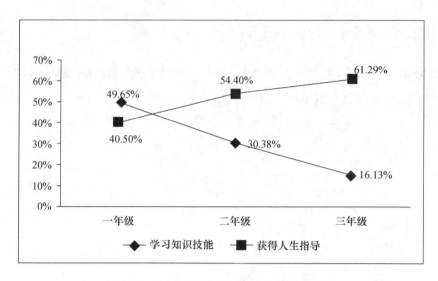

图 4-20　各年级学生与教师交往动机的差异

（五）各年级学生对师生关系定位的认识存在差异

总的来说，各年级学生都普遍认同师生关系是"亦师亦友"的关系，这也是当前师生关系的主流和基调。但各年级学生在"师徒关系"的认同方面有一定差异，16.38%的一年级学生认同师生关系是"师徒关系"，二年级学生中下降到13.45%，但到三年级又上升到24.19%。具体见图 4-21：

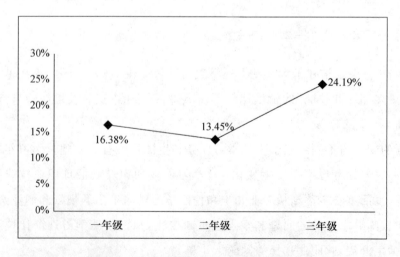

图 4-21　各年级学生认同"师徒关系"的比例

这一数据在一定程度上反映了大学教学任务的阶段性变化和师生关系的变化

过程。大一学生刚进入大学,部分学生对教师的角色认知和期待较高,希望教师能够带领自己学习专业知识和技能,这部分学生比较倾向于认同"师徒关系"的定位;大二学生已经进行了一年多的学习,发现大学教师不再像中小学教师那样耳提面命、悉心教导,逐渐习惯了大学教育自主性强的特点,更多倾向于认同"亦师亦友"的定位;到了大三之后,教师会分组指导学生的毕业实习、毕业设计等,在专业技能上会对学生进行个别指导,因此这时部分学生会重新趋于认同"师徒关系"的定位。

三、不同学科学生的比较

(一)不同学科学生对师生关系重要性的认识存在一定差异

数据表明,不同学科的学生对师生关系重要性的认识存在一定的差异。管理学、经济学和法学学科学生认为"师生关系对自我学习的影响很大"的比例分别为32.4%、29.8%、16.5%,明显低于其他专业。工学、教育学、理学三个学科的学生选择"影响很大"和"影响较大"的比例较高,分别为86.40%、83.50%和77.10%,而经济学、管理学、法学分别为61.70%、54.30%、29.60%。具体见表4-41:

表4-41 不同学科学生对师生关系重要性的认识

			师生关系对自我学习的影响				合计
			影响很大	影响较大	有些影响	无影响	
学科	文学	频数	234	103	93	23	458
		%	51.09%	22.49%	20.31%	5.02%	100.00%
	工学	频数	519	251	100	7	891
		%	58.20%	28.20%	11.20%	0.80%	100.00%
	管理学	频数	210	142	271	22	649
		%	32.40%	21.90%	41.80%	3.40%	100.00%
	教育学	频数	93	84	22	13	212
		%	43.90%	39.60%	10.40%	6.10%	100.00%
	经济学	频数	28	30	27	9	94
		%	29.80%	31.90%	28.70%	9.60%	100.00%
	理学	频数	28	63	19	8	118
		%	23.70%	53.40%	16.10%	6.80%	100.00%
	法学	频数	73	58	269	42	442
		%	16.50%	13.10%	60.90%	9.50%	100.00%
合计			1185	731	801	124	2864

这种差异主要与学科性质和相应专业技能教学特点有关,工学、教育学和理学相比经济学、管理学、法学而言,其操作性更强,对学生实验、实习、实训等实践教学环节的要求更高,这些环节也更依赖教师的指导,因此这三个学科的学生对师生关系重要性的认识高于经济学、管理学和法学。

（二）不同学科学生对师生关系的定位存在一定差异

不同学科的学生对师生关系的定位存在一定差异,多数学生都认同师生关系是"亦师亦友"的关系,但经济学学科的学生认同"提供服务者与消费者"的比例高于其他学科,为14.89%;工学、理学、教育学三个学科的学生认同"师徒关系"的比例分别为19.3%、18.64%和17.45%,明显高于其他学科。具体见表4-42：

表4-42 不同学科学生对师生关系的定位

			对师生关系的定位				合计
			提供服务者与消费者	亦师亦友	师徒关系	其他	
学科	文学	频数	40	324	67	27	458
		%	8.73%	70.74%	14.63%	5.90%	100.00%
	工学	频数	69	586	172	64	891
		%	7.74%	65.77%	19.30%	7.18%	100.00%
	管理学	频数	65	468	75	41	649
		%	10.02%	72.11%	11.56%	6.32%	100.00%
	教育学	频数	16	154	37	5	212
		%	7.55%	72.64%	17.45%	2.36%	100.00%
	经济学	频数	14	64	16	0	94
		%	14.89%	68.09%	17.02%	0.00%	100.00%
	理学	频数	15	81	22	0	118
		%	12.71%	68.64%	18.64%	0.00%	100.00%
	法学	频数	31	334	64	13	442
		%	7.01%	75.57%	14.48%	2.94%	100.00%
合计			250	2011	453	150	2864

不同学科学生对师生关系的定位主要是"亦师亦友",这与当前高职教育的师生平等理念和高校的校园文化有关。不同学科又有一些差别,这主要是缘于学科性质、专业设置、学习内容和教学特点的不同。经济学学科学生认同"提供服务者与消费者"的比例高于其他学科,可能与经济学学科中对"理性人"的假设、对经济关系的认识有关。而工学、理学、教育学三个学科的学生认同"师徒关系"高于其他专业,这可能与高职院校中工学、理学、教育学三个学科的专业设置有关,这三个学

科的专业都属于操作性、实践性较强的专业,如焊接技术及自动化、学前教育等专业,这些学科的学生在学习过程中需要教师更多的指导和引领,因此也就相对更认同"师徒关系"的定位。

第四节 基本结论与讨论

一、高职院校师生关系调查的基本结论

(一) 教师与学生对师生关系的整体认识和理解比较一致

师生两个群体之间对于师生关系的认识和理解总体来说比较一致。主要表现在以下几个方面。

1. 大部分教师和学生都认为师生关系在教师教育教学和学生成长过程中发挥着重要作用。当前教师和学生对师生关系的主流理解和定位是"亦师亦友"的关系。目前影响师生关系的主要因素包括外因和内因,即社会环境因素和学生自身的因素。

2. 教师和学生对目前师生关系的满意度很高,多数持肯定评价。教师对自身所属群体、学生对教师群体的评价都很高。师生关系的主流是正向的,对学生的成长和进步起到了积极的促进作用。

3. 师生多用课后时间与学生交流,交流的内容以学生学习和生活中的问题为主,最主要的交流方式是面谈。在师生交往的动机方面,学生主要期待从教师那里获取人生经验与指导、学到更多的知识和技能。

4. 在师生互动中不可避免地存在着冲突。冲突发生的主要原因集中在课堂纪律、学生评优和入党等问题方面。大多数师生都认同目前师生关系存在的主要问题是师生交流太少,认为教师教学与研究任务繁重是阻碍师生交流的最重要原因。

5. 大部分师生对于建立良好的师生关系有信心,但也有不少学生信心不足,显示出学生在师生关系中的被动地位和心态。学生向教师寻求帮助时,教师的表现比较积极正向,一般情况下都会有求必应、热心帮忙。

(二)不同性别的学生在对师生关系的认识和理解上存在一定差异

男学生和女学生比较而言,男学生认为师生关系定位于"提供服务者与消费者"的比例要高于女学生,利用课间、周末或节假日时间与老师交往的比例要高于女学生,认为学业任务繁重是阻碍师生沟通的重要原因的比重高于女学生,对于建立良好关系没有信心和说不清的比例均高于女学生。

(三)不同年级的学生在对师生关系的认识和理解上存在一定差异

随着时间的推移和年级的增长,多数学生与教师之间逐渐相互熟悉、交流互动逐渐增多、关系逐渐趋向紧密。对师生关系重要性的认识以及对师生关系的整体评价随着年级的增长而提升。

不同年级学生与教师交往频率存在差异,随着年级的增长,学生与教师交流的频率不断增加,且与教师发生冲突的比例也有所下降。

不同年级学生与教师交往的动机存在差异,从大一到大三学生与教师交往动机的变化趋势是:希望从教师那里"学到更多知识和技能"的学生比例不断下降,而希望"获取人生经验与指导"的比例不断上升。

不同年级学生对师生关系定位的认识存在差异,总的来说,各学生都普遍认同师生关系是"亦师亦友"的关系,这也是当前师生关系的主流和基调。但各年级学生在"师徒关系"的认同方面有一定差异,大二最低,大一较高,大三最高。

(四)不同学科的学生在对师生关系的认识和理解上存在一定差异

不同学科的学生对师生关系重要性的认识存在一定差异。工学、教育学、理学对师生关系重要性的认识和评价高于其他专业。

不同学科的学生对师生关系的定位存在一定差异,多数学生都认同师生关系是"亦师亦友"的关系,但经济学学科的学生认同"提供服务者与消费者"的比例高于其他学科;工学、理学、教育学三个学科的学生认同"师徒关系"的比例明显高于其他学科。

二、对当前高职院校师生关系的讨论

（一）重视师生关系在教育教学和学生成长方面的积极作用

师生关系是教师和学生在教育教学活动过程中相互交往形成的，是教育教学活动的产物。由于师生关系是人与人之间的主体性关系，它的产生和发展，必然始终伴随着师生双方的认知、情感、交往的活动。师生关系一旦形成和建立，就会成为一个相对独立的教学因素，对教学活动的进程和结果、教师职业成长、学生的身心发展会产生重要影响。

1. 影响教育教学效果

（1）影响学生学习的积极性。教学是教师的教和学生的学所组成的一种人类特有的活动。它既是一种以知识为媒介的认知活动，也是师生之间情感投入相互交流的活动，同时也是一种人际交往活动。

教学活动是师生交往的主要形式和方式，师生交往贯穿教学活动的始终，可以说没有师生之间的交往就没有教育教学活动，师生关系影响着交往过程中师生双方的情绪、情感，也影响着师生教与学的积极性，对教学有着动力系统的作用。苏霍姆林斯基说："师生之间是一种互相有好感、互相尊重的和谐关系，这将有利于教学任务的完成。"也就是说，如果师生关系融洽，学生就会产生积极的情绪情感，学生的学习热情提高，表现出乐学、好学，感知觉、理解、记忆等认知活动会更加活跃，学习要求容易被学生接受和达到，学习效果会更好。相反，如果师生相互间关系紧张，情感对立，常常会使学生情绪处于紧张、着急、焦虑之中，心情不放松，大脑神经系统活动受到压抑，认知活动不活跃，影响神经反应的速度和质量，学习的积极性会受到影响，学习的质量和效果也会下降，甚至产生厌学情绪，形成恶性循环。另外，良好的师生关系也会使教师产生高涨的教学情绪，很高的工作责任感，上课热情更高，更投入，愿意为学生付出更多的心血，同时也调动起学生的积极性，这样双方就产生更好的良性互动，达到教学相长。

（2）影响课堂教学气氛。现代教育教学论的研究表明，教学气氛作为一种环境作用于师生的心理行为，影响着教育教学的效果。积极正常的教学气氛下，更容易激起学生神经的兴奋，有利于学生的理智反应，更容易产生积极的情绪情感；

而在压抑对立的教学气氛下,学生的大脑神经系统容易受到压抑,反应机械、迟钝,甚至混乱、情绪低落。而课堂教学气氛的一个重要影响因素就是师生关系,它对教育教学中师生的大脑反应、情绪、情感起着重要的调控作用。师生关系和谐,教师和学生双方心情愉悦,情感交融,思维活跃,反应灵敏,精神焕发,灵感迸发,使双方的最佳心理状态吻合,充分激发潜能,共同完成教学任务。而如果师生关系不好,相互之间情感疏远,甚至对立、仇恨,课堂教学气氛就会紧张、沉闷、压抑,教学效果无疑会受到影响。

(3)影响课堂教学管理。良好的教育教学效果的取得离不开有效的课堂教学管理。事实上,良好的教学管理同样需要良好的师生关系来支持,同时,也可以促进良好的师生关系的建立。师生关系良好,学生从内心接受教师,就会乐于服从教师的教学安排、课堂管理,教学秩序井然,教学效果也会大大提升。相反,如果师生关系一般,甚至不和、对抗,教师完全依赖权威,强制管理,整个教学过程充满专制、压抑的气氛,更容易使学生以消极对抗的态度对待教师,甚至产生激烈对抗,不利于教学,更不利于学生的身心发展,如"杨帆门"事件就是例子。

2. 影响学生个性社会化的发展

人的社会化是一个终生持续的过程,但其重要过程主要是在青少年阶段完成的,学校是完成基本社会化的主要环境之一。社会学研究表明,人的个性社会化主要是在人际交往中发展的,深受人际关系系统的影响。除了家庭,学校是青少年学生的主要活动场所、社会环境,教师是青少年学生的主要交往对象、观察社会的主要窗口,师生关系是学生的重要人际关系。教学过程和师生日常交往过程中时刻伴随着有师生之间的知识传递、情感交流、精神、心灵互动和行为的相互作用。在师生的教学和相互交往中,学生能够掌握、接受到一定的社会知识、社会规范、行为准则和价值观念;学会正确认识自我、认识教师、同学,调整自己的角色意识和行为,培养各种参与社会的能力,使自己成为一个"社会人"。如果师生之间建立了良好的师生关系,教师在学生面前树立了一个健康、良好、正面的社会形象,有助于学生的个性社会化。同时,教师理解、爱护、尊重和信任学生,使学生得到教师对自己行为的客观、善意评价和反应,逐渐学会正确认识自己、评判自己,形成正确的自我意识。相反,师生关系不良,就会容易恶化学校、教师在学生心目中的形象,进而恶化校园育人环境,不利于学生的个性社会化,如果教师恶意评价学生,以及学生本人受不良情绪影响,学生会产生错误的自我认识,甚至会形成抑郁、孤独、自卑、冷漠、嫉妒和对抗等一些不好的性格特征,形成不健康的人格,从而阻碍学生个性社会化的进程。师生关系对学生个性社会化有重要影响。

3. 影响教师职业成长

师生关系是教师与学生相互作用、共同组成的关系,师生关系的好坏直接关系到教师的工作绩效、职业成长。良好的师生关系有利于教育质量的提高和教师的工作积极性、身心的健康发展,缓解教师职业倦怠,相反,不良的师生关系则会影响教师的工作积极性,甚至使教师产生职业倦怠。

(1) 影响教师的工作绩效。人才培养是学校、教师的根本职能,学生的健康成长、教育教学效果是教师的主要工作绩效。正如前文所分析的,师生关系的好坏对教育教学效果的影响很大。如果师生关系紧张,会影响学生的学习积极性,影响正常的情绪情感,影响学生的学业和日常生活,不利于学生的身心健康。而对于教师来说,就意味着教育教学质量不好,工作成效不好,工作绩效不高。更可怕的是,容易导致教师职业挫折感增强,工作效能感降低,长此以往,容易形成职业倦怠,不利于教师职业发展。

(2) 影响教师心理健康。人际关系直接影响着人的生活状态和身心健康。师生关系是教师个人工作生活中最主要的人际关系,教师与学生朝夕相处,占据了教师的绝大部分时间,师生关系的好坏对教师的心理健康至关重要。民主、和谐的师生关系中,师生之间彼此相互尊重、信任,身心愉悦,工作生活积极,有良好的工作成就感、生活幸福感,进而影响与同事、领导以及家人的关系。但是,如果师生关系不融洽,工作情绪波动起伏,心情郁闷、热情不高,态度消极,工作效率低下,生活质量下降,这会严重危害教师的心理健康。

4. 影响学生与学校的关系

在学生心目中,学校既是教育教学的场所,同时也是一种人格化的组织。在学生眼中,教师代表着学校,不同类型的师生关系影响着学生对学校的评价,进而影响学生的学习行为。一般来讲,与教师关系良好的学生对学校的评价更好,更喜欢学校,反之亦然。邹泓、屈智勇、叶苑[①]认为,亲密型师生关系中的学生对学校喜欢的程度显著高于一般型和冲突型师生关系中的学生,冲突型师生关系显著低于亲密型和一般型师生关系中的学生;师生关系对学生喜欢学校的程度有显著的正向

---

① 邹泓,屈智勇,叶苑. 中小学生的师生关系与其学校适应[J]. 心理发展与教育,2007(4):77—82.

的预测作用,对回避学校有显著的负向预测作用。良好的师生关系有利于学生喜欢学校,对学校有一个积极的态度;学生喜欢学校才可能对学习有兴趣、有信心。通过改善师生关系、学校的其他环境,提高学生对学校的喜欢程度,是改善学生学习行为的一个重要途径。

(二)认真梳理当前高职院校师生关系中出现的问题

师生关系对教育教学效果、学生健康成长有着非常重要的作用。我国有着"尊师重教"的优良传统,高职院校的师生对师生关系也非常重视,从调查来看,教师和学生对目前的师生关系的现状比较满意。但就我国当前高职院校师生关系现状来看,也存在一些不和谐的现象,值得认真梳理和把握。

1. 师生交流机会日益减少,感情日益疏远

随着社会的发展,利益关系、人际关系日益复杂,高等职业教育本身也发生很大的变化,特别是从20世纪末高校开始扩招后,高校包括高职院校的规模急剧扩大,目前我国已经建立了世界上规模最大的高等教育,高等职业教育占据了高等教育的半壁江山,但同时也产生了一些问题,如师资不足、教学资源紧张等问题,对高职院校的师生关系产生很大影响。高校扩招后,在校学生人数急剧增加,导致教师数量不足,教师教学任务不断增加,教室也存在短缺,合班上课非常普遍,教师面对更多的学生,授课时数上升,批改作业更多,教师常常是上课才来,下课就走,而且,高校教师又不坐班,这导致除了上课时间外,教师与学生交流的时间和机会更少,越来越困难。教师与学生之间互相不了解,甚至上完一学期课后,教师还不认识学生,不能叫出多数学生的姓名,存在师生间"见面不相识"的教育尴尬。从本课题调查的情况来看,师生交往的频率不太高,经常交往的占总数的33.6%,而偶尔交往的占57%,除了课堂教学外无任何交往的有9.4%。良好师生关系的建立首先得交往,交往机会如此之少,甚至无交往,感情如何建立?师生关系如何能好?而我们的调查也发现,交往机会偏少被认为是师生关系存在的主要问题。64%的教师认为,对于师生关系存在的问题是师生之间交流较少,12.1%的教师选择了学生不尊重教师,11.1%的教师选择了教师不关心学生。学生中认为师生之间交流较少的占到总学生数的71.5%,而认为学生与不尊重教师的占15.6%,教师不关心学生的占8.9%。

2. 师生关系商品化、功利化

在我国市场经济发展过程中,教育产业化逐步兴起,影响着教育和师生关系。教育产业化主张教育是一种商品、产业,应该按照市场经济的规律办教育。教育产业化导致教育的消费主义的产生,教育公共性和神圣性的消解,师生关系的功利化。这种观点对高职教育影响更甚,学生认为教育是一种商品,接受教育缴纳了高额的学费,是消费者、顾客,是"上帝",学校就应该提供优质的教育服务,教师应该无条件为学生服务,教师和学生之间是一种生产商和消费者的关系,没有深厚的师生情谊,学生不需要尊敬教师。更有学生简单地认为,上学就是购买文凭,一手交钱一手交货,我交钱,你给我文凭就行了,你还管这管那,学习应付了事,不服从教师管理,学风浮躁,不认真学习,热衷于与教师拉关系、套近乎,希望教师考试、评优、入党予以照顾。而教师则认为,教师与别的职业没有任何区别,只不过是一种谋生的手段,当教师是养家糊口,挣一份钱出一份力,给多少钱出多少力,更有甚者,本着经济主义的观点,想着如何以最少的投入获得最大的受益,不是钻研业务,提高教学能力、教学效果,而是整天琢磨如何偷工减料,少工作多赚钱,混日子,对学生成长关心少,对自己如何提高职称、多挣钱关心多。教师职业道德被践踏,教育事业,师生关系被异化为一种简单的经济、商品关系,师生关系由民主、平等而演变为契约、合同式的关系,师生关系商品化、功利化,师生关系的实质被严重扭曲了。

3. 教学问题突出,损害师生关系

教学关系是师生关系的核心关系,课堂教学是师生交往的主要途径和方式。良好的教学是良好的师生关系建立的基础。但当前高职教学过程中存在的各种问题阻碍了民主、平等的师生关系的建立。

(1)教师方面。主要表现为:一些教师受传统思想的影响,坚持"教师中心"主义,高高在上,强调学生服从,管理方式简单粗暴;一些教师教学观念陈旧,教学方式简单,只会照本宣科,上课没有吸引力,不关注学生的兴趣,与学生没有交流,只会"填鸭子"灌输式教学,不能因材施教;一些教师缺乏基本教学能力,知识陈旧,只有书本理论知识,没有相关职业经历和职业技能,不能适应高等职业教育的需要;还有教师责任感缺乏,自由散漫、懒懒散散,备课敷衍了事,热衷于兼职赚钱,对学生放任自流、疏于管教,缺乏基本的职业道德。这往往会降低教师在学生心目中的地位,破坏师生之间的关系。

(2) 学生方面。表现为：部分高职学生学习兴趣不浓,没有养成良好的学习习惯,学习成绩较差;上课不认真听讲,不遵守课堂纪律,干扰教学正常进行,打击教师教学的积极性。一些学生责任感缺乏,思想道德较差,不尊重教师,受社会不良风气的影响,崇尚拜金主义、享乐主义,与社会、学校、教师倡导的主流价值观冲突,严重影响正常师生关系的建立。

4. 交流手段多样化,交往实效性降低

随着现代科技的发展,教育教学条件日益先进,师生交往的手段更加现代、先进和多样。面对面交往不再是师生交往的唯一方式,电话,特别是手机的普及更增加了师生交往的便捷,网络的普及、飞信、电子邮件、QQ、博客等通信方式的出现更增加了师生交往的机会和方式。从调查来看,尽管面对面交流仍然是师生交流的首选方式,占学生总数的32.6%,而通过电话进行交流的学生也占总数的29.9%,通过网络交流的占总数的20.6%,通过开展活动进行交流的占总数的13.8%。但是,值得注意的是随着现代通信工具的普及,师生面对面交往的时间越来越少,而通过电话、网络进行交往的会越来越多,这种非面对面交往方式的效果往往不如面对面的交往,特别是不利于师生之间感情、心理的交流,不利于深层次师生关系的建立,交往的实效性降低。

5. 师生矛盾多元化

随着经济、社会的全球化,现代社会越来越开放、多元,多种文化、思想、价值并存,选择也日益多元化,这种社会环境也渗透到学校的各个角落,也表现在教师、学生身上。教师本身是一个利益主体,既承担社会、学校所赋予的主流价值观,同时也有自身的性格特点和利益。学生更是来自不同社会背景、家庭,本身的性格特征、智能水平、认知特点、教育诉求也各不相同,这导致了高职院校师生矛盾的多元化。首先,学校统一的教学要求与学生的不同层次的发展水平的矛盾。学校作为人才培养的专门机构,对学生的知识、能力有一定的要求,但是学生的发展水平参差不齐,不免会有部分学生某些方面的发展暂时达不到学校、教师的要求,而且,无须讳言,现实中高职学生基本都是重点本科、一般本科淘汰下来,在学习能力上不属于特别拔尖的,甚至存在学习困难的现象,这种矛盾是师生之间的根本矛盾、主要矛盾。其次,单一化的教学与多样化学习需求之间的矛盾。一般来讲,国家、学校对课程设置、教学内容、教学要求有基本统一的要求,从某种意义上讲,也束缚了教学,教学内容比较一致,加上部分教师照本宣科,教学形式呆板,不会因材施教。

相反，从多元智能理论来看，人类的智能是多元的，不是一种能力而是一组能力，美国哈佛大学加德纳教授认为，个体身上独立存在着与特定认知领域或知识领域范畴相联系的七种智能，个体由此组成的智能结构并因此呈现的智能类型是不同的，存在着极大的差异。学生的智能结构、认知方式、学习需求是多样化的，这也会导致教师教学与学生学习之间的矛盾。如果课程设置落后，教学内容陈旧，不适应学生的需要，就难以引起学生的兴趣，学生就会失去学习动力，甚至产生厌学情绪，其教学要求就很难完成，如果教师强制管理、硬性要求就会产生激烈的冲突。最后，教师与学生价值观的矛盾。在文化意识、价值观多元化的社会，教师和学生都有不同的价值取向。一般来讲，高职院校教师具有较为成熟的世界观和人生观，指导性的价值观是符合主流价值观的。而青年大学生的世界观、人生观正在逐步稳定和成熟过程中，思想不是很成熟，认识有时比较片面，自控能力薄弱，容易冲动、走极端，而且观念和利益诉求多样化，学生之间、师生之间不可避免存在矛盾，甚至产生冲突。

6. 师生严重冲突日益增多

客观地说，师生冲突正如师生矛盾一样是客观存在的，无处不在、无时不在，有隐性的，也有公开性的，有轻度的，也有严重的。根据现代组织理论，适当的师生冲突往往具有建设性，但是如果冲突超过一定水平，其破坏性就会远远超过建设性，对师生关系产生严重的负面影响。从学校的现状和我们的调查来看，目前，师生之间冲突的频率越来越高。我们调查发现，51%的教师承认与学生发生过冲突，其中经常发生冲突的教师占12.1%，偶尔与学生发生冲突的教师占38.9%，从未与学生发生过冲突的教师只占总数的49%；从学生的数据来看，与教师发生过冲突的学生占到总数的24.5%，其中经常发生冲突的学生占4.8%，偶尔发生冲突的学生占19.7%，75.5%的学生没有与教师发生过冲突。发生过冲突的学生和教师的数据都不低。而且，有些师生冲突是恶性冲突，甚至暴力冲突，严重影响着师生关系，损坏了教育的形象和声誉，产生了极其恶劣的社会影响。

[第五章]

高职院校师生关系典型案例分析

第一节 和 谐 篇

一、典型案例

案例1　学生信赖的心灵守护者①

C老师,全国优秀教育工作者,某职业学校中层干部,多年担任班主任。多年来,他始终心系学生,无私地关心学生。无论是学生因身体不适不能坚持学习的,还是遇到天灾人祸不能来校上课的,他都要亲自过问,或护送其回家,或登门看望。例如,2004年,生化系一名来自农村的女学生忽然得了一种怪病,当地医师无法诊断,建议赴上海治疗,但该生家境贫寒没钱治疗。他得知后,便马上发动全院学生募捐,并带头捐款,然后亲自带领两名同学前往学生家里看望她。家长含着泪说:"老师,女儿得病后一直很自卑,整天躲在楼上不出门。昨晚得知您要来看望她,高兴得一夜没有睡,今天是她最开心的一天。"回来后,他要求该班同学每天轮流给她发短信,送去关怀和温暖。此外,他还从2005年开始,每年拿出2400元,资助一名贫困山区的学生上学,但他本人却是省吃俭用、生活朴素。

由于热爱学生、关心学生,他在学生中拥有很高的威望,再加上他有丰富的教育经验和高超的说话艺术,常常以幽默风趣的语言将复杂的问题讲得简单明了。因此学生一旦遇到什么烦恼事、辛酸事也都喜欢找他谈心,而他无论何时、何地都耐心倾听学生的倾诉,然后以妙趣横生的语言叩开学生的心扉,打动学生的心弦,令学生折服,使学生走出困惑。有一个深夜,一位新生给他打电话说:"今天军训教官批评我,我想不通,明天早晨准备回家。"他马上说:"你虽然不是一名军人,但

---

① 一片痴心为育人[EB/OL]. http://www.tzvtc.com/c10218/content_14358.html. 2007-05-24.

却是一名准军人,当逃兵是不光彩的。"学生说:"当众批评太没面子。"他说:"人不批评不会长大。"就在你一言我一语的交流中,学生明白了"做人、做事、做学问"的道理,打消了回家的念头。诸如此类事件甚多,因此,学生常说:"C 老师有一颗金子般的心,是我们真正的良师益友。"

案例 2　倾情职业教育　尽显巾帼风采①

Y 老师是某职业学校数控专业高级讲师、高级工程师、高级技师,曾先后荣获全国优秀教师、中国首届职教名师、省级金牌教师、技能大师等荣誉称号。作为学校国家数控实训基地首席专家,她指导学生在全国职业院校技能大赛中连续四年摘金夺银,在省内数控技能大赛中屡屡蝉联第一,培养出一批全国、省、市技术能手。

1. 尽心教书育人,赢得学生爱戴

"用百分之一百的热情去解决好百分之一的问题",是她对自己的一贯要求。在从教的十多年里,她承担过从基础课到专业理论课、专业实训课等十几门课程的教学任务。无论多么"不开窍"的学生,她都能不厌其烦地耐心辅导,直到学生学会为止。学生因"亲其师"而"信其道",曾经有几个班的学生联名写信要求她担任本班的课程教学任务,还有学生强烈要求转到她所任教的班级。

她担任了多年班主任,用自己的真心赢得了学生的认可和爱戴,多次获得"优秀班主任"荣誉称号,所带班级被评为学校的"文明班级"。在学生眼里,她更像一位知心姐姐,喜悦可以一起分享,烦恼可以一起分担。学生毕业后还会常常打来电话,倾诉工作上的成绩、生活中的困惑,请教专业方面的问题;节假日常有学生回来看望,畅叙师生情谊;过生日,会有学生送来鲜花和小礼品,给她一份意外的惊喜。

2. 勇于挑战自我,培养技能人才

2000 年,学校在模具专业中率先开设了数控加工实训课,根据学校教学工作的需要,Y 老师闯进了"数控"这个新鲜又陌生的领域。2004 年,她担任数控技术中心技术负责人、首席培训师。她的授课,不仅吸引着在校的学生,还吸引了已毕业好几年的学生以及老师同行旁听。一名刚毕业的学生兴奋地打电话向她报喜:

---

① 倾情职业教育　尽显巾帼风采[EB/OL]. http:// www. wheqx. com/ content. aspx? typeid＝159&id＝812,2012-5-7.

从她的课堂里学到的知识使自己从公司里众多的本科生中脱颖而出,成为技术骨干,受到领导的青睐,并被送到国外深造。

从 2006 年开始,她担任学校数控大赛集训队主教练,指导学生参加数控技能大赛。当年,就夺得省第二届"华中数控杯"数控技能大赛团体总分第一名,囊括 3 个单项的前三名,夺得 4 个单项的金牌。2007 年,她指导学校青年教师和学生参加省首届"技能状元"大赛,1 人获得省行业杰出青年岗位能手,2 人获得省青年岗位能手。

2008 年至今,她担任学校数控大赛集训队总教练,连续四次代表省参加教育部举办的全国职业院校技能大赛数控技能竞赛,共捧回 5 个一等奖;连续三次参加劳动部举办的全国数控技能大赛,她指导的选手共有 8 人进入全国前五名(一等奖),3 人成为全国技术能手,两度登上人民大会堂领奖台。

案例 3 "系妈"的故事

M 老师是一位非常优秀的退休老教师,曾担任过某高职院校的系主任,她为人特别热情,对学生特别和蔼,非常关心学生的成长,对学生一视同仁,平时嘘寒问暖,毕业时向用人单位推荐学生就业,经她推荐的在北京各大中小学担任教师的学生有数十个。学生们对她非常爱戴,亲切地称她为"系妈"。许多学生毕业多年仍然与她保持联系,逢年过节,来看望她的学生有很多。

案例 4 教学名师的魅力

K 老师是一位知识渊博的教师,从教 30 余年,长期教授马克思主义哲学、思想道德修养等公共课,教学理念先进,语言幽默,授课非常生动,教学能够根据高职学生的特点,深入浅出,将比较空洞乏味的哲学课讲得津津有味,深受学生的欢迎。K 老师的课堂教学秩序良好,极少有学生做与学习无关的事情,教学能力和效果得到学生的高度认可,每年的学生评教成绩都能排在全校教师前列。与学生的关系非常好,赢得了学生的尊敬和爱戴。

二、案例分析

良好师生关系的建立需要教师和学生的相互配合,共同努力。从上述案例中可以发现：

1. 良好的师生关系的建立需要教师和学生的共同努力

师生关系是双边关系，良好的师生关系离不开教师和学生两个主体的共同努力。但在师生交往中，由于教师处于主导地位，教师在师生关系的建立、维持中更能发挥主要作用。从案例中可以发现，教师的教育教学行为是建立良好的师生关系非常关键的因素，优秀的教师和好的教育教学行为更能赢得学生的认可，更容易建立良好的师生关系。

要建立良好的师生关系，第一，教师要热爱学生，热爱教育事业。一般来讲，教师只有热爱教育事业，才会热爱学生，持之以恒地从内心关心爱护学生，才能得到学生的衷心爱护，师生之间才能和谐，建立真正的民主和谐的师生关系。案例中的教师之所以优秀，得到学校和学生的认可，一个重要的原因是他们对学生的热爱，对教育事业的投入。

第二，教师需要具有良好的教育教学行为。常言说，学高为师，身正为范，教学是教育的核心任务，是师生之间重要的联系纽带。教师要想让学生认可接受，必须拥有渊博的知识、认真的态度、高超的教学技能和艺术，用自己的知识、能力吸引学生，折服学生，树立良好的形象。很难想象，一位教师如果连课都上不好，怎么可能得到学生的认可、尊重，怎么能与学生建立良好的关系？

第三，教师需要具备良好的个人品质。如友善的态度，尊重课堂内每一个人，对学生有耐心、宽容，良好的仪表，待人处事公平，语言风趣幽默，兴趣爱好广泛，与学生有许多共同语言，能帮助学生解决实际中存在的各类问题。这些品质特点都有助于教师赢得学生的认可和尊重，帮助建立良好的师生关系。

学生也是建立良好师生关系的重要因素。师生关系是双边关系，没有学生的主动参与，建立良好的师生关系也是比较困难的。在实际教育工作中，良好的师生关系并不必然发生在优秀的教师和优秀的学生中间，教师与各类学生之间都有可能产生良好的师生关系。但一般来讲，要建立良好的师生关系，学生要具备几个基本特点。第一，学习态度端正。学生的天职就是学习，一个不喜欢学习的学生很难得到教师的认可、喜欢。一般教师对学生的学习能力比较看重，甚至学生稍微有点调皮捣蛋，只要不是特别出格，老师都会"视而不见"。当然，学习能力有高低，学习成绩有好坏，不能强求每一位学生的学习成绩都非常好，教师也不能仅仅凭学习成绩来决定对学生的喜好程度。很多教师反映，虽然他们喜欢学习成绩好的学生，但这不是唯一的标准,只要学生爱学习、学习态度好,一般老师都会喜欢的。第二,具有良好的品行。一般教师对学生的品德都比较看重,尊敬师长、遵守纪律、为人诚实、乐于助人、有社会责任感,这些品德都能得到教师认可,有助于师生关系的建立。如果学生撒谎、不诚实、经常违纪、不遵守纪律,甚至逃课,这样的学生很难得到教师的认可,他们之间也很难建立良好的师生关系。

2. 课堂教学活动是构建良好师生关系的主要途径

教学是教育中的主要活动,课堂是主要场所,师生教学关系是师生关系的核心所在,课堂教学交往是师生交往的主要方式,也是建立良好师生关系的首要途径。一般情况下,学生对教师的了解主要是在课堂上。教师与学生的交往也是主要在课堂上进行的,教师的知识能力水平、个性特点、道德品质,对教育、教学、学生以及社会的态度都一览无余地在课堂上展示出来,为学生了解、熟悉、接受。同时,课堂教学也是教师了解学生的重要途径,通过教学、问答、观察,教师与学生进行知识、思想和情感的交流,了解学生集体,以至于每一位学生。教学活动对师生关系的建立至关重要,教师和学生都要善于抓住课堂教学这个主要途径,履行自己的职责,教师认真教学,学生认真学习,相互尊重,展现自己良好的形象,在对方心中树立良好的印象,彼此接纳、认可对方,形成良好的师生关系。

3. 课外和校外活动是良好师生关系建立的重要途径

师生关系是一种社会关系、职业关系、角色关系,具有发散性,其建立和维护并不局限于特定的时间和空间,不分课内和课外、校内和校外,也并不随着双方社会职业、角色的变化而完全消失。常言道,"一日为师终身为父",其说法虽然略显夸张,但也说明师生关系并不是随着社会角色、职业的变化就立即消失。除了课堂以外,课外活动、校外活动也是建立良好师生关系的重要途径,课余时间、非教学时间,非教学任务、非教学关系更能体现师生关系的真实性。

课外活动、校外活动是教育活动的重要组成部分,课外活动、校外活动对师生关系的建立起着重要的补充作用。与课堂教学相比,在课外活动中,师生交往的方式、双方关系形态更呈现多样性,教师和学生更加放松、更加符合个人意愿,更加真实,因此师生双方的相互了解是立体的、多侧面的、真实,双方关系也变得更加丰富多彩,可以进一步强化优良师生关系,改善不良师生关系。课外活动、校外活动是丰富多彩的,课外活动中的师生关系的教育作用也是多层次多类别的,教师要充分重视课外、校外活动在建立良好师生关系的重要作用。案例中,Y老师指导训练学生参加职业技能大赛,学生获得优异成绩,受益很大,相互间建立了比一般课堂教学关系更加紧密的师生关系,这种关系更加亲密、稳定,教育作用更好。

4. 重视非正式交往,建立良好的个人关系

除了教学关系,教师与学生之间还存在其他多种关系。教师不能只关注正式的教学关系,忽视其他关系的建立。往往,师生之间的非教学的个人关系更稳定,维持的时间更长,更加紧密。某种意义上讲,教育就是为了一切学生,为了学生的一切,一切为了学生。教师不能因为自己主要负责学生的学习,而拒绝学习之外的交往和帮助。如果教师能给学生提供个人实质性的帮助,更能建立良好的、稳定的个人关系,更好地促进师生关系。因此,教学关系是师生关系的基础,教师要在教学关系之上与学生建立更加紧密的个人关系。案例中,那些优秀教师不仅在课堂中得到学生的认可,形成良好的教学关系,而且在课后、学习之外建立紧密的联系,如,随时接受学生的求助,向学生提供尽可能全方位的帮助,帮助学生解决学习之外的各种问题。通过这种课堂、教学之外的交往,双方建立更加紧密的师生关系。

第二节 冲 突 篇

一、典型案例

案例1 无奈的课堂

时间:某周一上午第一节课。

7:55:全班40人,大约到了20人左右,还有大约一半学生没有到,一些学生坐在座位上吃早点。

8:00:上课铃声响起。

T：各位同学，上课时间到了，大家都坐好。大约还有一半学生没到，我们稍等5分钟。

8：05：陆续有10位学生推门走进教室，一些学生还提着早餐走进教室。还有10位学生未到。

T：现在8：05了，还有部分同学没到，我们不等啦，现在开始上课。杨XX，上课了，你不要走动了。

S1：老师，不好意思，我不叫杨XX（大声回答，向教室后面走去）。

其余的同学都发出笑声。

T：现在我要点名，本来铃声一响，我们就要上课的。我重申一下纪律的事情，你们回想一下小学时候上课的感觉，找一下上课的感觉，好吗？以后不要再迟到，已经到的同学也不要乱走动，这是课堂。现在上课都五六分钟了。我们还没开始上课呢。

8：10：开始上课。一些迟到的学生陆续从后门走进教室，教师抬头看了他们一眼，又低下头。几个迟到的学生坐下后，并没开始听课，拿出早餐吃。忽然，一阵手机铃声响起，T看着学生。

T：谁的手机？知不知道上课应该关闭手机或调成静音状态，我给大家1分钟的时间，确认一下你们的手机是不是关机或调成静音。下次再有手机声音响起，我就先帮你保管一段时间手机了。（等了大约1分钟）好，你们都弄好手机了吗？现在我们开始上课了。

教学过程中，一些学生趴在桌上，一些学生低头玩手机，或者看书，只有少数几位学生在听课。

8：20：教室后面S2与邻座S3说话，声音越来越大。

T：后面的同学，注意一下，有什么有趣的非在课堂上说，不能下课后再说吗？你们这么大声说话，严重影响了同学们的学习，希望不要再说话了，还想继续说话就出去到教室外面说。

S2与S3相互看了看，低下头没再讲话了。

8：31：突然响起刺耳的手机铃声。

T：哪位同学的手机响了，我刚刚都强调了要关机或调成静音状态，上课不能再出现手机声音，按照我刚才说的，把手机交给我。

教师严肃地环视教室，一些学生看了看老师，又看了看刚才出现铃声的地方，笑着低下头,没有人回应教师的要求。

T:看来不自觉啊,我知道是谁,但不想强迫,我再强调一下,事不过三,再发生我就不客气啦。请同学们自觉一点,手机关机,或调到静音状态。

过一会儿,两个相邻的学生低着头说话,好像在交流什么问题。

T:你们两个同学有什么问题,直接问我,不要在下面嘀咕。

两个学生看了教师一眼,停止说话,打开书本。

8:50:四五位学生陆续走出教室,教师看了他们一眼,也没说什么。一些学生也开始讲话,而且声音也越来越大。

T(大声):大家安静一下。你们想聊天,根本没必要在这里聊天,可以出去聊天。这里是课堂。

一些学生停止讲话,而一些学生则降低了说话的音量。教师也继续上课。

9:30:教室里比较安静。有的学生趴在课桌上睡着了,有的学生低着头玩手机游戏,听 mp4 音乐,剪指甲、照镜子、打闹等。忽然,教室里响起一阵电子游戏的声音。

T(涨红了脸,大声):上课谁在玩电子游戏?玩电子游戏本来就是不对的,你们还把声音放出来,太过分了。刚才是有同学上课不关手机,现在是玩电子游戏,下次是什么声音?同学们,这是课堂,不是菜市场。

教师瞪着学生,教室里鸦雀无声。教师瞪着学生不说话。过了一会,教师才继续讲课。

9:55:教室里又响起一阵手机的音乐。

T(叹了口气):你们这样持续有声音,叫我怎么上课啊?(走到一个学生旁边,伸出手)手机给我,下课后到我这里来拿。

S5:不是我的。

T:别否认了,刚才我明明听见是你们这发出的声音,不是你的,那是谁的?快拿出来吧,不要让我再说了。

该学生没有拿出手机,也没有说是谁的手机,双方僵持着。过了几分钟,还是没有人把手机拿出来。

T:算了,我们继续上课吧,刚才讲到哪里了?

这时,下课的铃声响起。

T:好了,今天就讲到这,下课吧。

教室里突然热闹起来,多数学生从座位上站起来,一些原先无精打采趴在桌上的学生突然直起身,走出教室,或者与同学兴高采烈地大声说话。

教师看了看教室里的学生,收拾好讲义、教材,走出教室。

案例 2 教师的困惑

W 老师是一位从事教学工作多年的高职院校教师,最近一段时间他常常感到比较困惑。随着高校的扩招,现在高职学生的高考分数越来越低,越来越不爱学习,上课期间,很多学生都不听课,要不就睡觉,要不看课外书,要不听音乐,还有的说话。有一次课堂上,两个学生转过身子与后桌的同学说话,W 老师特别生气,大声说:"老师在前面呢!"W 老师对自己的教学能力产生了怀疑,是不是自己的教学方式方法不对,上课不精彩,吸引不了学生。他备课更加认真,上课更加努力,但好像效果不太好。值得 W 老师欣慰的是,这些学生除了上课不听讲外,别的也没有特别明显的缺点,对教师比较热情,平时也喜欢与自己套近乎,应该不是对自己有偏见。W 老师只能自己安慰自己:大概这就是大学扩招后的必然现象吧!但也觉得特别困惑,不爱学习的学生能算是好学生吗,你会喜欢不爱学习的学生吗?

案例 3 一场课堂冲突及其化解

H 老师是某高职学校的老教师,工作非常认真负责,对学生要求非常严格。一日,他与学生在课堂上发生了一起自己做梦也想不到的冲突。

H 老师正在兴致勃勃地讲课,忽然发现最后一排有一位学生正埋着头睡觉。他就说 L 同学,请你起来回答问题。L 同学正在睡觉没有反应,同桌急忙摇醒 L 同学,L 同学懵懵懂懂地站起来,看着老师,说:"老师,您问了什么问题?"

H 老师又重复了一遍问题。L 同学茫然四顾,没有回答。

H 老师说:"我刚刚讲的,刚才没听老师讲课,没记笔记吧,黑板上还有呢!"

L 同学说:"老师,我近视眼看不见。"

H 老师说:"看不见就到第一排来坐。"

L 同学听了没动。

H 老师说:"赶快上来,看不见就往前坐。"L 同学依然没动,也没说话。

H 老师忽然发火,说:"混账王八蛋,你以为老师没长眼睛啊,刚才明明在睡觉,还说看不见,不想听课就给我滚。"

L同学:"老师,你凭什么骂人,听你的课我才不稀罕。"站起来,用力拉开后门走了。

H老师也很生气,说:"这都什么学生啊!"

整班的学生也面面相觑,各种表情都有。有些同学明显带有情绪,不时挪动桌椅,发出巨大声响。有的同学身体转动将书本碰到地上,然后挪动桌椅,弯下身去捡书。本来比较安静的课堂变得热闹起来,H老师只能停下来,无奈地看着学生,一堂课在时断时续中结束了。

下课后,该班召开班委会,讨论课堂上刚发生的事件。班委会大多数同学认为:虽然L同学上课不听讲这种行为是错误的,应该向老师道歉,但老师的态度也太粗暴了,还出口骂人,实在是不符合教师职业道德,应该就此事向学校反映。班长、学习委员受班委会委托,向系部主管教学的系主任反映了此事。

事后,系里向H老师了解情况,H老师承认,由于自己家里出了事,情绪不稳定,对学生在课堂上的行为反应太激烈,对学生的态度太简单粗暴了。在系里的安排下,在接下来的课堂上,H老师向L同学和全班同学道了歉,L同学也向H老师表示了歉意,双方关系得到了修复。

二、案例分析

师生冲突就是指师生双方在正式或非正式交往过程中形成的心里紧张状态的一种表现形式。教师、学生是两个异质结构的群体,他们相互依存又相互对立。在教育教学过程中,师生之间充斥并交织着矛盾与和谐。和谐是我们期望的理想的师生关系状态,而由于师生之间不同的社会角色,不同的发展需求,以及不同的性格和行为方式,师生矛盾是不可避免的,存在于师生交往的各种场合,伴随着师生关系发展的全过程。理性地应对师生矛盾,尽可能地避免激烈的、对抗性的师生矛盾冲突的发生,协调好师生关系,有利于教育教学过程的顺利进行。

(一)师生矛盾冲突是普遍的

教师与学生的矛盾是学校教育教学过程中的基本矛盾,在一定条件下是正常的、不可避免的。从案例来看,高职院校的课堂内外,师生之间普遍存在冲突和矛盾,而且,与中小学、普通本科大学相比,师生冲突更加频繁,爆发严重冲突的可能性更高。这是由于师生本身所处的社会角色,当前高职教育的特点所决定的,同时也呈现出高职教育的特殊性。

但面对矛盾冲突,师生双方如果没有采取协商、对话等合理、合法、平和的处理方式,而是表现出过激的情绪,采取了过激的言辞和行为等,则会使得师生矛盾激化,矛盾就会演变成冲突,恶化师生关系。对抗性的师生冲突扰乱了正常的教学秩序,损害师生的身心,从而会影响学校教育功能的实现。

1. 师生矛盾冲突的根本原因

(1) 角色地位不同

教师与学生之间常常是因为角色地位不同产生冲突。一般来说,教师是成人群体的体现者、代言人,代表成人社会对学生提出要求,管理学生,是一种社会权威、知识权威,是教育教学过程中的管理者、监督者。而学生也有自己对社会的理解,对自我的认识,对自己的未来抱有各种期望。教师的要求、期望与学生自发性的生活期望不可能一一相同,因此,教师和学生不可避免地产生矛盾和冲突。

(2) 观念不同

随着社会的发展、价值的多元化,教师、学生的价值观也多元化,师生之间的观念多种多样,很容易产生冲突。从整体上看,教师对学生的评价标准基本一致,主要来自是学习、品德、纪律、仪表等,如一个好学生应该是学习认真、成绩优秀、品行良好、尊敬师长。也有部分教师将一些有违师德、不健康的社会观念和行为带进学校,如向学生索要好处、拜金主义等,引起学生的反感,影响了师生关系。急剧变革的社会环境,新的价值观念和行为方式在不断影响着学生的价值观,甚至表现出与教师截然不同的价值观。例如,一些学生把与传统不同的个性风格作为追求的目标,甚至不认同主流的社会评价标准,认同拜金主义、享乐主义的价值观,从而导致教师与学生之间观念的巨大不同,产生观念冲突,如果沟通、教育、处理方式出现问题,就会产生严重冲突。

2. 学生方面的原因

(1) 身心发展不平衡

处于高职这个年龄段的学生,大部分的生理发展基本成熟,基本达到成年人的生理发展水平和标准。但由于缺乏足够的社会实践和人生阅历,他们的心理发展仍然没有成熟。比如说:强调自尊、自我却有时过于敏感;求知欲望强烈,接受新知识、新事物快却容易陷入主观、片面;感情丰富却不稳定;单纯却有时轻率;讲交情,重情感,却有时显得很偏执。心理成熟速度滞后于生理发展,身心发展的不平衡,形成了自身难以调和的矛盾,表现为思想偏激,情绪变化大,追求极端,对主流价值观有抵触情绪,容易产生逆反情绪。

(2) 学习习惯不好、学习压力较大

进入高职的学生,在经历了层层筛选和数重淘汰以后才进入高职,一般学习成绩主要处于中下游。大部分都有过不太成功的学习经历和不受关注的成长体验,没有形成良好的学习习惯,学习热情也不太高,学习态度不是很端正,知识基础相对薄弱。在教育教学过程中,他们的学习行为、态度、效果可能难以达到教师的要求,这既容易导致学生压力过大,也容易导致教师产生不满情绪,日积月累,容易爆发冲突。

3. 教师方面的原因

(1) 教学方式方法不恰当

当前在很多高职院校,教师仍然采用灌输式教学方式,上课一言堂,教师从头讲到尾,从上课讲到下课,内容以书本知识、理论知识为主,不注重学生技能的培训,不能针对高职学生的特点,采取合适的教育教学方式。而高职学生本身对理论、书本知识的学习不擅长,导致学生对教学普遍不满意,进而对教师不满意,甚至反感,从而产生厌学、逃学情绪,师生产生矛盾,诱发师生冲突。

(2) 教师言行过激

从上述案例来看,如果教师的语言、行为过于简单粗暴,不讲道理和民主,不讲方式方法,极易伤害学生,造成学生的反感和不满,高职学生的自控能力比较差,往往容易引发冲突。诸如:在教育管理当中,教师的过于直白,甚至侮辱性的语言以及采取的体罚或者变相体罚的行为,都会激化师生间的矛盾。尤其是年轻教师,面对一些棘手的问题,容易产生急躁情绪,导致发生直接冲突。有时师生有矛盾,但没有发生明显冲突,如果学生的不满没有适当地发泄出来,或得不到及时的疏通和释放,学生也会对教师形成一种不好的印象,影响他们之间的关系,甚至影响学生的学习。

(二) 师生冲突有显性和隐性两类

师生冲突有公开的显性冲突和潜在的隐性冲突。在具体的教学管理实践中,直接公开的显性冲突只占很少一部分,而隐性冲突是师生冲突中主要的表现形式。

师生的隐性冲突主要表现为一种紧张状态,师生间没有言语和行为上正面的对抗与冲突,但双方在态度和情绪上呈现出在互动过程中的明显不和谐,这是师生冲突的常见形式。本节案例1中一堂课集中发生那么多的冲突并不多见,但其中某个单一的冲突在高职课堂中并不少见。

显性冲突是一种性质更为严重的冲突,即师生之间的矛盾激化,并通过双方公开或直接的行动表现出来。在这种冲突的发生过程中,教师也直接地参与到学生的对抗行为中去,教师无法控制冲突中学生的行为,甚至也无法理性地控制自己的行为,师生相互之间爆发言语辱骂、人身攻击甚至殴打等恶劣行为。

如果冲突处理不当,隐性冲突容易转变为显性冲突。实际发生的显性冲突几乎都是由于师生之间对于潜在的矛盾冲突处理不当,升级而来的。

（三）可能引发师生冲突的行为

通过上述案例和实际教学观察可以发现,在课堂中,学生与教师中一般不利于教学的行为都会引起师生冲突,但并不是所有的这些行为都会引发显性冲突,一些有争议的行为有可能成为冲突的导火索。

1. 可能引发师生冲突的学生行为

在师生交往中,学生的一些违纪行为是引发师生冲突的主要原因。学生行为违纪的程度往往决定了师生冲突的程度。

（1）易引发一般性师生冲突的学生行为

一般来讲,只要学生有违纪行为被教师发现,就会引起师生之间的矛盾冲突,但并不是所有的违纪行为都会引发师生显性冲突。在现实中,学生低度的违纪行为,如上课偶尔迟到、上课睡觉、看与教学内容无关的书籍、做其他科目的作业、甚至听音乐等,教师大多数虽然会生气,但往往睁一只眼,闭一只眼,采取宽容态度,不会引发激烈的师生冲突。

（2）易引发师生显性冲突的学生行为

在课堂中,学生的一些比较严重的违纪行为,特别是干扰教师的正常课堂教学行为,容易引发师生明显冲突。学生的公开违纪行为,如上课大声讨论、未经允许自由出入教室、接听手机、不服从教师的管束等课堂行为,容易激怒教师,引发师生冲突。

当师生产生矛盾时,如果学生表现出对抗性行为,师生之间发生显性冲突的概率特别高。一般性冲突一旦发生,如果学生不能及时按照教师的要求纠正,而是采取继续违纪行为,甚至更加严重的违纪行为,即对抗性行为,此时,教师见化解不了僵局,不能平息冲突,学生不听话,继续对抗,甚至挑衅,就会觉得学生太不听话,态度极不端正,甚至有些教师会认为学生侵犯了自己的权威,就很有可能会控制不住自己的情绪、语言和行为,致使情绪激动、言行出格,甚至极端行为,产生更加严重的对抗性冲突。对抗性行为的表现形式有:学生不听教师的劝阻,继续进行违纪行为,与教师进行语言对抗,或辱骂;甚至过激行为,如摔饮料瓶;以及武力示威,离开课堂。

2. 可能引发冲突的教师行为

在师生交往中,教师的某些行为也是可能引发师生冲突的重要原因。

(1) 向学生提出不合理的要求

当教师向学生提出明显不合理的要求时,容易引起学生的反感。如教师布置一项作业,并要求学生在较短的时间内完成并提交,由于明显超出了学生的能力之外,这很容易引起学生的不满;有些教师还规定,不按时交就不收作业了,学生的意见会更大。如有的教师规定迟到超过15分钟就不允许进教室了,这也容易导致学生的不满,如果教师坚持执行,就有可能发生更大的冲突。

(2) 歧视、不尊重学生

在教育教学过程中,教师在言语中透露出对学生的轻视或者不尊重,这很容易激起学生的反感情绪,甚至引起公愤和隐性的学生集体反抗,故意在课堂中与"教师对着干"。如教师指责学生身穿奇装异服。事实上,教师的含有轻视或者不尊重的话语虽然主要是针对部分违纪学生说的,但是也会引起全班同学的共鸣。如案例中,H老师对学生的大骂、训斥,本来是针对违纪学生的,但当着全班同学的面责骂学生,往往引起包括违纪在内的学生的极大反感,导致违纪的学生直接摔门而出,别的同学也觉得教师粗暴,引起班级公愤,从而引发更大的冲突。

(3) 误解学生

如果教师误解学生,又不听学生的解释,事后又没有及时消除误会,学生很容易产生委屈情绪,对教师情感疏离、冷漠,甚至怨恨。如果误解过大,则很容易产生直接的对抗性冲突。如,两个学生闹矛盾,教师在不了解事情真相的情况下,偏听一面之词,首先指责差生。还有,课堂上有学生发生违纪行为,但教师没有发现是谁,把错误归到另一个毫不相干的同学身上,而且不听学生的辩解。

(4) 行为失控

在现实中,有时候教师在面对学生的违纪行为时,产生严重的情绪、语言和行

为失控,导致更加严重的师生冲突,严重损害师生关系。如,教师体罚学生、拉扯学生,与学生的身体发生推撞;教师推(赶)学生出教室,踢打学生。

(四)师生冲突影响师生关系

师生冲突是普遍存在的,完全没有冲突的组织是没有生命力的,适当水平的冲突有利于组织发展,教师应该学习接纳冲突。但是如果师生冲突不能得到及时缓解、妥善解决,会直接影响师生间的关系、教育教学效果,影响教师与学生之间的情感,使师生之间怀有怨恨,甚至仇视,学生没心思学,教师没有情绪教,怎么能够谈得上教学相长,教学效果肯定大打折扣。因此,对师生冲突的处理和解决是教师的基本能力要求,也是建立良好师生关系的关键。

(五)师生冲突处理的技巧和策略

从以上案例分析中我们可以看到,师生间矛盾冲突是普遍存在的,师生之间潜在的隐性冲突有可能最终发展为公开对抗性的冲突,对师生关系产生严重影响。也可以发现,在师生冲突中,教师起着决定性的作用,是事态演变的主导方。教师应该掌握一些基本的处理冲突的技巧和策略。

1. 真诚对待学生,真心关爱学生

作为老师要真诚地对待和关爱学生,这样才能和学生更好地相处。当教师真心关爱学生的时候学生是可以感觉到的,尽管有时他们还会和老师闹情绪,但当学生感到老师的真心、真爱时,他们一般都会听从教师的教育和安排,从而减少师生之间冲突的发生。反之,如果教师平时不关心学生,特别是学生觉得教师是故意的或恶意的,就很容易产生矛盾、对抗、冲突,小矛盾导致大冲突。

2. 表扬为主,批评为辅

大学生的自尊心和自我意识都比较强,他们可能不在乎教师的表扬和批评,但很在乎在大众尤其是同龄人前的面子、尊严,希望给别人留个好印象。所以,一般情况下,教师不要在大庭广众面前批评学生。这样很容易激化矛盾,爆发冲突。而当学生表现进步、优秀的时候,表扬要及时,要当面进行,尽管学生表面上可能对批评或表扬好像不在乎,但其内心不可能无动于衷,还是会出现积极的体验和情绪。

3. 保持冷静,克制盲目冲动

在发生师生冲突尤其是突发性事件时,一般老师习惯控制局势,迅速处理。但此时教师和学生可能都处在生气、压抑、不满、激动等情绪之中,此时急于处理问题难免说出过激的话,做出过激的事。因此,面对师生冲突,教师首先要保持冷静,切不可大发脾气。而是要先试着控制自己的情绪,保持平静,切忌用过激的言语和行为进一步激化矛盾,而应迅速找到引起冲突的原因,采取适当的方式加以应对。如:可以及时调整思路和节奏,转换交谈的方式和角度,避免和化解一触即发的紧张情绪。可以用"那你说呢……"、"不妨让我考虑考虑"、"或许,我还没了解清楚"等一些比较委婉的口气,缓解学生的激动情绪,控制事件的紧张形势。教师甚至可采取即时停止的办法来制止事情的恶化。

4. 学会适当让步

俗话说,退一步海阔天空。这句话也适用于师生矛盾冲突的解决。特定情况下,老师理智地让一步,不与学生争一时之高低,不但不会损失老师的尊严,反而会拉近师生间的距离。因为当教师和学生都处在激烈的情绪之中时,是没有办法真正解决问题的,如果都带着情绪去处理,反而会让冲突升级,让情况变得更糟。冲突时间越长,老师损失越大。如果教师能够主动认错的话,师生冲突更容易解决,教师更能得到学生的拥护和爱戴。

5. 从快平息事件,慎重处理人

很多时候,在课堂上发生的一些突发的事件或冲突,往往需要立即加以控制和平息,需要教师"快刀斩乱麻",先通过提高声音、大声呵斥、强行控制等手段稳住局势,平息事态,但很难在课堂上及时彻底解决。教师要记住事情并没有结束,及时进行事后处理。在处理过程中,教师要认真思考,学生为什么出现这种行为,他应当承担什么后果,以后还会不会出现类似问题,不能看到学生的行为已经制止了,就以为事情结束了。在事件的最终处理时,教师要牢记,教育的本质是培养人,而不是处理人,教师在处理事件时,要慎重处理学生,要在双方心平气和的状态下,与学生深入地沟通和交谈,让学生明白问题出在哪里?该如何解决?老师为何要这样处理?使得学生能够心服口服。

6. 学会用幽默化解问题

学生出现一些违纪、不合要求的行为总是难免的,但不同的处理方式带来的效果却可能有很大不同,甚至完全相反。如果处理得当,可能会把一个学生教好,师生之间感情加深,关系更加融洽,坏事变好事。如果处理不当,则会导致事情更加恶化,师生关系恶劣,甚至影响学生一生的发展。在很多时候,幽默是一种化解师生矛盾、冲突的好办法。

例如,有位学生在上课时总是下意识地用手敲击桌面,声音很响,影响了课堂教学秩序,尽管被教师多次批评,但他屡教不改,常常不自觉地敲桌子。一天,在新老师的课上,他又敲了。老师听了之后没有直接批评他,而是说:"哦,我们的课上还有伴奏,同学们真是多才多艺!不过呢,现在暂时不需要伴奏,等需要的时候我会告诉大家的,好吗?"听了老师的话,那个同学很不好意思地低下了头。

7. 自主解决和多方合作相结合

有些老师在遇到学生顶撞、不服从管理等不当行为时,习惯找领导、班主任施压,给学生处分,或者喊家长来教训孩子。当然,班主任、领导和学生家长对学生的作用和影响一般比任课教师的大,这种做法无疑是"有效"的。但任课教师事事找班主任、家长,特别是涉及教师与学生个人之间的问题,反而会给学生心里留下老师动不动告状、遇事无计可施、无能的印象。学生反而会瞧不起老师,这不利于师生矛盾及时解决、真正解决,不利于良好师生关系的建立。所以,如果可能,教师还是自己努力把冲突化解。

当然,对于一些重大矛盾需要班主任、学校、领导、家长配合也是必要的。大家在教育学生过程中应加强沟通,携手努力,形成教育的合力。

第三节 特 殊 篇

一、典型案例

案例1 师生恋 年龄不是问题

N老师是一所高职院校的政治课教师,2001年大学毕业入校工作;学生韩某是该校 2003 级市场营销专业学生,两人相差 9 岁。

54 分,我"恨"你

大一时,N 老师教授韩某公共课——政治。期末考试,韩某的政治成绩只有 54 分,是唯一不及格的科目,这让她对 N 老师稍微有点憎恨。

而 N 老师对于韩某起初的印象也是一般,觉得这个女生挺文静的,把她当做一般学生看待。一年后,因为调整专业,韩某被调到了 N 老师的班上,N 老师是班主任。期间,韩某由于讨厌 N 老师,在非周末时间没去找 N 老师开具学校进出证,就私自出校门。事后被 N 老师留下来训话,这让韩某更加厌恶。后来,N 老师发生交通意外住院,韩某是全班唯一一个没去医院看望他的学生。

"地下工作"甜蜜"潜伏"

毕竟 N 老师是名书生气很浓、教课能力很不错的老师,很多女生都很喜欢他。虽然韩某讨厌 N 老师,但是时间一久,这份讨厌也就慢慢地淡化了。由于韩某的数学很差,所以她鼓起勇气去找 N 老师帮忙找个数学老师补习。N 老师一口答应,找了自己的朋友给韩某免费补习数学课,这让韩某产生了一些好感。期间,N 老师主动关心韩某的学习效果,并主动请她吃饭。双方在接触中增加了解,产生感情,开始了秘密交往。

2006 年夏天韩某毕业了,二人征得双方父母的同意,走进了婚宴的殿堂,婚后生活幸福。①

案例 2　日久生情　师生成恋人

Z 老师是某高职院校的辅导员,由于刚研究生毕业,对学生态度比较和蔼,与学生打成一片,师生关系非常好,该系的男女同学都亲热地称他为"哥"。女生 C 是同年考入的学生,性格开朗,Z 老师给 C 生前后教授过 3 门专业课,C 生喜欢向 Z 老师请教问题,在任课过程中,两人经常探讨,渐渐熟悉,关系很好。后来,C 生经常与同学一起去 Z 老师家玩,一起做饭,在交往中逐渐产生了感情。后来,C 生高职毕业后同样担任了教师,两人的感情依然保持,最终走向了婚姻的殿堂。

---

① 师生恋 年龄不是问题[EB/OL]http://news.sina.com.cn/c/2010-06-26/041817711685s.shtml.

案例3 大学辅导员签署"军令状"发誓不搞师生恋[①]

2007年11月,武汉某高校要求辅导员签《学生管理教育承诺书》。该校全体辅导员近百人完成了自律签字。自律承诺的内容有:一、不以任何理由接受学生及其家长的吃请。二、不以任何理由接受学生及其家长的馈赠或向学生索要财物。三、不以任何理由与学生谈恋爱或超出正常的师生关系……其中一条"不以任何理由与学生谈恋爱或超出正常的师生关系",引发了人们热议。据了解,以这种形式来规范辅导员操守,在全国高校中比较少见。

该校学工部副部长表示,制定这些条例为的是防患未然,学工干部自律承诺书,8项条款中包括拒绝吃请、拒收财物、严控感情、评优评先、学生成绩管理等内容,不准"师生恋"是其中一条,学生相对于教师处于弱势地位,这样可以更好地保护学生的利益。一个教师应当做到为人师表,教师可以和学生建立深厚而真诚的感情,但这份感情不能发展到吃喝、拉扯,甚至谈恋爱。现在学校的班级导师队伍80%都是正处于谈婚论嫁的年龄,有的辅导员还未进入"管理者"角色,学校这样做是为了抓学风,制止庸俗的人情关系。"一旦有辅导员违反了,查清后将被清退。"该校上学期有个班级导师和一个大三女团支书谈恋爱,在评奖学金时照顾了这个学生,被其他同学举报,现在这位老师已被开除。

二、案例分析

所谓师生恋,一般是学生与老师之间产生的恋情。它是一种特殊的恋爱关系,也是一种特殊的师生关系,虽然不是很普遍,但在高职院校中也不少见。关于师生恋,目前教育界内部、社会存在多种看法,但围绕师生恋发生过很多故事,影响着整体的师生关系,乃至教育的整体形象。

(一)师生恋的心理原因

从现实发生的案例来看,在大学,师生恋,特别是男教师与女学生之间频频发生,这与中国的传统文化和青少年的普遍心理有关。大学女生往往比较天真、可

[①] 武汉一高校与辅导员签军令状:拒绝师生恋[EB/OL]. http://news.qq.com/a/20071104/001570.htm, 2007-11-04.

爱,一般崇拜学识丰富、社会经验丰富、性格成熟稳重的成功男性。在校园中,她们经常接触到的男性主要是男同学和男教师。一般老师在学生眼里显得有内涵、威严、成熟、智慧、才华、文雅、风范,充满成熟之美,所以,成熟的男老师对女大学生具有很大的吸引力,在接触的过程中,很容易产生某种异样的情感。

同样,一般比较成熟的男性往往会喜爱比自己小几岁的年轻可爱的知性女性。女大学生年轻可爱,社会阅历少,单纯,学历比较高,有文化知识,相互之间志趣相投,交流融洽。在交往中,教师也容易与女大学生产生感情。

最近几年,很多高职院校处于大扩招、大发展阶段,需要更多的教师,许多高校先后招进大量的刚从大学毕业的青年教师,这些青年教师往往是毕业于名牌大学的研究生,年龄也比较年轻,20岁—30岁之间,学识渊博,有许多新知识、新观点、新观念,性格开朗,容易与学生打成一片。而这些对大学生特别是高职学生具有很大的吸引力,更容易引起学生崇拜,产生师生恋。在北京某一高职院校,近10年就有7对走入婚姻的师生。

从对师生恋当事人的访谈来看,恋爱师生的心态一般比较复杂。多数认为,自己恋爱是日常交往中,彼此相互了解、熟悉、吸引,才产生了真正的感情。他们中,男教师与女学生居多,也有男学生与女教师之间发生感情的。他们一般认为,师生恋属于正当权利,没有什么特别的,能够坦然面对。但也承认恋爱过程承担比较大的心理压力,刚开始时比较注意保密,一般进行地下活动,不能像一般恋爱那样公开,害怕被同事、同学知道后广泛议论,特别是一些有关师生道德的不利言论,尤其怕恋爱失败后的社会舆论。

(二) 各方观点

如同对武汉某高校签名事件的看法一样,社会各界对师生恋的看法也是各种各样的。

1. 学生大多表示理解

从现实来看,很多在校大学生对师生恋比较理解,很多大学生这么认为:"老师和学生谈场恋爱,又有什么不可以的?恋爱是两个人的事情,别人无权过问。恋爱看的是感觉,和职业无关,和彼此的社会关系也无太大关系。以前有鲁迅和许广平、沈从文和张兆和,现在还有余秋雨和马兰,杨振宁和翁帆,人家虽然是师生恋,过在一起不也都挺幸福的吗?"

2. 家长多表示担心

从家长的态度来看,大多数家长一般持反对意见。他们认为,虽然现在的大学生已经20岁左右,身体基本成熟,但思想、心智都没有成熟,还没有能力处理自己的感情问题,特别是师生间年龄差距较大,教师往往占据较大的优势,学生容易吃亏,特别是女学生。而且,中国有师道尊严的传统,教师应该算是学生的长辈,相互间谈恋爱违背传统道德。有家长说,出现师生恋不能怪学生,毕竟他们不太成熟,要怪只能怪老师,他们是怎么为人师表的?

也有一些家长认为,高职学生基本算是成年人,有独立的思维能力,能够比较独立地处理事务,包括自己的感情问题,只要教师与学生的年龄相差不大,师生恋不应该反对。还有些家长认为,大学教师学历比较高,学识比较渊博,工作稳定,收入和社会地位尚可,自己的孩子找个教师结婚还是不错的选择。

3. 学校大多表示默许

多数学校认为,大学生已经是成年人了,拥有谈恋爱的权利,现在法律规定大学生都有结婚的权利,学校更不能干涉谈恋爱了。师生恋是教师和学生的私事、基本权利。目前国内没有关于师生恋的专门性法律法规,学校对正当的师生恋无法干涉,除非双方闹出矛盾和纠纷。

4. 社会反应不一

社会对师生恋也是议论纷纷,各有看法。多数人认为,恋爱是人的基本权利,是人的正常情感需求,教师和学生也不能例外。只要师生恋属于正常的自由恋爱,任何组织和个人都无权干涉。

也有一些专家学者从法律的角度来研究师生恋,认为师生恋容易违背教育公平和教师职业道德,主张制定相关法律禁止师生恋。

他们认为,教师是一种社会职业,享有一些公共权力,与学生形成一定的利益关系。如果教师与学生产生恋爱关系,就会涉及"不正当竞争"的问题,可能侵犯到其他学生的正当权益。如果教师与学生恋爱了,这意味着这名学生可能得到该教师更多的教育资源。如教师的关心、考试成绩、评优、评奖学金、入党的机会,甚至出国访问交流的机会。而这对其他学生而言,就意味着得不到教师公正的对待,教育失去了公平公正。

我们认为师生恋主要还是属于个人情感范畴,也属于道德伦理范畴,无论是家长、学校和社会都不能任意干涉,也不能通过简单的法律、制度规定进行禁止。但是,我们必须反对违背道德和法律的师生恋,反对因为师生恋衍生出超越正常师生关系的特殊利益关系,以致做出违反道德和法律的事情。例如,有些学生借谈恋爱,拉近与教师的关系,达到个人目的,如入党、评优评奖、升学保送等;有个别教师利用自己的权势逼迫学生谈恋爱,甚至威胁学生。

[第六章]

构建高职院校和谐师生关系的方法与途径

第一节 构建高职院校和谐师生关系的必要性

一、和谐师生关系是高职教育的基础

高职师生关系贯穿整个高职教育教学过程，它是高职教育中最基本、最重要的人际关系，是在教育活动中作为教育者的教师和作为受教育者的学生之间形成的一种极为复杂的关系。教师与学生是教育活动中两个最基本的元素，一切教育活动的达成，都是教师与学生、教与学双方互动合作的结果。大学的人员组成基本上是两大类，一类是学生，一类是学校的领导、教师、行政人员、后勤人员，他们共同完成培养社会所需人才的任务。在高等职业教育的教学过程中，师生互动较多，因此，更需以建立和谐师生关系为基础开展教育教学工作。

二、和谐师生关系有利于高职教师发展

教师是教育教学过程的直接组织者、实施者，对教学教育过程起主导作用。因而在和谐师生关系建设中，教师是矛盾的主要方面。在高职教育过程中，教师有时要起到师傅的作用，如果师生之间具有和谐的关系，学生对教师充满信心，把教师视为知己或朋友，积极地参与教学活动，并把这种情感通过多种方式反馈给教师，教师便会不断增强完成教学任务的信心，激发出更多的工作智慧，为学生付出更多的心血。而且教师在与学生良好的合作过程中也体验着创造和成功的乐趣，并从学生的健康成长中提高自己的教育能力，体现劳动价值，提高教育水平，收获教育成果。相反，如果师生关系不和谐，彼此缺乏心灵的沟通，教学劳动就会变得枯燥乏味，成为缺乏效果的劳动，进而使教师对自己的职业产生否定态度。更有甚者，

不和谐的师生关系还会使师生之间产生破坏性冲突,结果使教师无法专注于教学并处于紧张、焦虑、烦躁状态,甚至会使消极情感泛化,对工作产生厌倦和懈怠并向学生发泄不良情绪,引起学生的不满,造成不良后果。[①]

现在,在学校里讲以人为本,更多提倡的是以学生为本,其实,教师群体也是十分需要关注的。学生在学校学习的时间只有几年,而教育几乎是教师终生的事业,因此,和谐的师生关系对教师的意义极为重大。

三、和谐师生关系有利于高职学生成长

师生关系会影响学生的学习效果。调查中发现,学生对课程的兴趣和对任课教师的评价存在正比关系。学生喜欢任课教师,往往就会喜欢他们所教授的课程,乐学,并有所收获。师生之间的关系营造了一种课堂气氛,而这种课堂气氛是会对学生的学习造成影响的。如果师生之间关系不和睦,课堂气氛紧张,就会使得学生情绪紧张、思维迟缓;如果师生关系良好,课堂气氛和谐,则使得学生身心愉快,思维活跃。有些学生往往由于某些教师的教学态度引起了他们的反感,从而影响了对教师所教授课程的学习效果。另外,有些学生还在个别教师的冷漠与贬损中,身心受到伤害,影响了学生的正常成长。特别是高职的学生,当教师手把手教给他们技艺的时候,如果他们对教师充满了畏惧与抵触,必然会影响学习效果。

师生关系对学生人格品质的影响具有举足轻重的作用。师生关系良好,教师对学生充满信任、支持、体谅和鼓励,使学生感受到师爱的温暖,感受到自己的价值,形成良好的个性品质,如宽容、友爱、信任、自尊、自信、合作等。在此基础上,学生的个性品质会得到升华,形成积极进取、回报社会等良好的个性品质。师生关系良好,一方面能促进学生更好地成长,另一方面也是向学生提供了一种人际关系的榜样,学生与教师的真诚相处和感情的交流,使他们相信人世间的真诚与美好。在充满爱的师生关系影响下,学生会把这种爱在自己身上延展,不仅爱同学、爱老师,还会爱他人、爱集体、爱家乡、爱祖国。

---

① 张彦君.师生关系的心理学思考[J].河南社会科学.2003,(2).

第二节 和谐师生关系的概念与特征

一、和谐师生关系的概念

所谓和谐师生关系就是教师与学生双方通过教育活动平等交往、相互尊重、相互理解、相互信任、相互关心、和睦相处、相互促进与共同成长的教育关系。它打破了教育工作者与受教育对象之间易产生的"心理对抗",平和了教师与学生的社会角色,强化了师生的社会人责任,改变了以往教学活动中信息传递的单向性,提倡交互性,是一种理想的师生关系。[①]

二、和谐师生关系的特征

（一）平等与民主是和谐师生关系的前提

师生关系的平等主要表现在两个方面。第一,教师和学生在人格上是平等的,师生在进行交往时,要把双方放在平等的位置上,既不能因为教师是管理者、教育者就高学生一等,也不能因为学生是被管理者、受教育者而低人一等。教师和学生都是教育过程的主体,只是担负的施教和受教角色不同,对教育教学都拥有参与权,双方没有地位的高低之分,应当形成相互尊重、平等相处、教学相长、和谐共进的教育教学氛围。

第二,学生在个性特点、学习成绩等方面会有所不同,不能因为学生家庭背景以及学生智力、性格、情趣等方面的差异而不同对待。例如,在高职阶段中,有许多

---

① 孙海涛.构建高校和谐师生关系的思考[J].贵州政协报.2008,(8).

来自农村的孩子,还有一些所谓的"问题学生"。教师不能把学生分为三六九等,要一视同仁,公正地对待每一个学生,做学生的知心朋友。

和谐师生关系应使师生之间形成一种民主的氛围,这种氛围使师生均可获得充分的时间、机会来表达自我,还可产生一种无形的力量促使师生大胆、真实地暴露自己的思想和情感。民主意味着教师要有豁达的心胸,真诚的态度,炽热的情感。教师要由教育者变成学生的指导者和知心朋友,由教育变成引导,由对学生的管、卡、禁转为让学生自主、自理、自立;而学生则由被支配者的角色变成合作者,由被动受控走向主动参与。通过师生的互动交流,学生学习的积极性就会被激发起来,有利于培养学生的创新意识、创新精神、创新能力。

平等与民主是现代师生伦理关系的核心要求,由平等待人、民主参与产生的师生之间的互动关系,有助于消除师生之间的心理隔膜与障碍,促进师生之间的心理交流与共融。教师平等与民主的作风,不仅不会降低教师在学生心目中的威信,反而会使学生感到教师更加亲切、更加可爱和可敬,从而使师生关系达到水乳交融的境界。

(二)尊重与信任是和谐师生关系的基础

师生之间应当互相尊重、互相信任。教师要充分尊重学生的人格,保护学生的自尊,培养学生的自信心和良好的意志品质,善于发现学生的闪光点,鼓励他们自我展示、自我实现,形成活泼、开朗、自信、进取的个性特征。要以真诚、和善的态度对待学生,不能伤害学生的自尊心,不能说有辱学生人格的话。[①] 特别是高职的学生,会有些敏感和脆弱,会因为教师一句话、一个眼神、一个动作而感受到教师是友善还是轻视。当教师和颜悦色时,学生会更乐意亲近教师,学生会在与教师的相互尊重与信任中感受到人格的尊严。教师对于学生的尊重与信任还体现在尊重学生的批评和建议,学生是教育的亲历者,对教师工作中的不足,他们有资格提出批评与建议。因此对于学生的批评,教师应虚心接受,有则改之,无则加勉;对于学生的建议,应认真倾听,正确的要积极采纳。实践证明,教师尊重学生的民主权利,对学生既讲民主、又讲集中;既严格要求,又热心指导;既尊重学生的独立性、主体性及创新精神,又发挥教师的主导作用;师生共同交流与对话、共同思考与辩论、共同学

[①] 姚晓婷.陶行知教育名篇[J].国家教师科研基金十一五阶段性成果集.2010.

习与提高,才能互相促进。①

学生也应该尊重教师,信任教师,尊重教师在教育中的主导地位,信任教师的人品与学识,使教师在尊重与信任中激发出对教育事业的热爱,对学生的热爱,进而勤奋工作,与学生和谐相处,共同发展。

在教育过程中,师生要对自己有信心,对彼此有诚心,彼此尊重与信任,相互促进,才能建立起和谐的师生关系。

(三) 理解与宽容是和谐师生关系的根本

不论是教师还是学生,由于身份不同,各自的出发点不同,思维模式与行为方式会有所不同,所以需要相互理解与宽容。教师对学生的理解与宽容,是对学生的一种特殊尊重。教师对学生的宽容,可以为学生提供充分表达自己的机会和空间,才能有针对性地开启顿悟,进行有效的教育,并培养他们判断是非的能力。教师对学生思维方式的宽容,可以激发学生的思想火花,培养创造精神;教师对学生特殊行为方式的宽容,是尊重个性发展特点,使学生在宽松自由的环境中展示自我,发展自我;教师对学生情感的宽容,是对学生人格的尊重。教师宽容地对待学生,意味着他的教育思想更加成熟,教育手段更加完善。② 只有这样,和谐师生关系才能得以实现。就像罗杰斯说的,一旦教师真诚、尊重、理解的态度建立起来,"学生就能离开僵化走向灵活,离开依赖走向自主,离开戒备走向自我接受,离开被束缚走向创造性"。

学生也应该理解与宽容教师,教师不是圣人,特别是高职的教师与学生之间学历层次相差较大,在面对高职的学生时,会难以理解学生的所作所为,有时会说错话办错事。当这种情况发生时,学生应该善意地指出教师的错误而不是恶语攻击。

当师生之间产生误解与矛盾时,都应易位而思,用理解与宽容的原则来对待对方。教师不要一味用自己的思维模式和行为方式来要求学生思想与行为的一致性,学生也要尽量理解教师的工作,不论是教师包容,还是批评,出发点都是本着教书育人的目的。教师不要因学生的错误而放弃学生,学生也不因教师的严厉而回

---

① 袁一明. 构建以人为本的新型师生关系[J]. 考试周刊. 2009,(6).
② 同上.

避教师。[①] 在课堂上师生共同创造一种畅所欲言的氛围,确保每一位发言者受到尊重,对彼此出现的错误、不足等保持最大的理解与宽容。

(四)接纳与欣赏是和谐师生关系的升华

只有师生之间彼此接纳,相互欣赏,才能形成愉快的教育氛围,使师生双方享受教与学的乐趣,接纳相互的优点与不足,欣赏相互的学识、品行与个性。

教师对学生的态度与评价,会对学生产生很大的影响。学生对于教师对自己的态度非常关注,因为教师代表了权威,他们会体察教师对自己的态度,会揣摸教师是不是接纳自己、信任自己,会在教师的赞扬中强化自己的行为,产生学习的动力,也会在教师的批评中修正自己的言行。学生无论怎样努力学习,如果教师不接纳不欣赏,教师也无法将知识与技能很好地传授给学生,教育目标就无法实现。

教师言行不一的行为以及对学生不稳定的评价,会使学生的认知产生混乱或错位,会对教师产生不信任感,影响到他们对人对事的看法,还可能会出现回避或攻击行为。特别是对于高职的学生,更要努力发现他们身上的闪光点,并把闪光点放大,让每个学生都有展示自己才华的机会,让每个学生都在成就感中获得自信。一个赞许的眼神,一丝理解的微笑,对学生学习和生活态度的影响却不可低估。

"亲其师,信其道"。无论教师知识多么渊博、技艺多么高超,如果学生不接纳、不欣赏,就无法很好地吸收知识、消化知识,因此,学生也应该学会接纳与欣赏自己的老师,让教师在学生赞赏的目光中感受到教学的快乐,从而激发与促进教师对教学工作的钻研、对学生的热爱、对事业的追求,其结果是师生均为受益者。

师生关系对双方的影响会在师生间的心理互动中作用于另一方,产生或者"情通理自通"、"爱屋及乌",或者"情不通理难达"、"恨及和尚,殃及袈裟"的结果。只有师生间形成真正的心灵沟通,在愉悦、轻松、温馨的氛围中,才能更好地完成教育教学任务。师生间由交流而理解,由理解而赏识,由赏识而和谐。高职师生关系,不仅仅是知识上、技能上的互动,更是思想上、人格上的互动。

[①] 李艳丽.新课程背景下如何构建和谐的师生关系[N].商丘新闻网商丘日报,2010-8-31.

第三节　构建高职院校
和谐师生关系的方法

一、教师率先垂范，博学导行

（一）树立正确的教育理念

教师所持有的教育理念，不仅直接关系着教师的教育行为，而且还间接地影响着未来教育的性质与状态。教师要尊重学生在学习方面的独立思考，尊重学生主动学习的精神、尊重学生的创造性思维。教师应该义务观念多一些，权利观念少一些，既不武断专横，同时也不失去自己的独立性，也不对学生放任自流。

《学会生存》中有这样一句话："教师的职责现在已经是越来越少地传递知识，而越来越多的是激励和思考；除了他的正式职能以外，他将越来越成为一个顾问，一位交换意义的参加者，一位帮助发现矛盾论点，而不是拿出现成真理的人，他必须集中更多的时间和精力，去从事那些有效果的和有创造性的活动。"后现代主义者多尔对教师角色的界定是"平等中的首席"。作为"平等中的首席"，教师的作用没有被抛弃，而是得以重新构建，这从根本上促使教师转换角色，从知识的灌输者转变为学习的促进者、人格的陶冶者。从调查中得出，当代大学生在师生关系上，更渴望"师友式"师生关系的建立与发展，最不乐意接受传统的"家长式"师生关系，教师要改变居高临下的传统习惯。

建设良好的师生关系，教师必须纠正"以师为中心"的思想，发挥学生的主体作用。结合当代大学生的特点和社会发展的实际，在日常教育教学活动中，要积极营造民主教育的氛围，为学生提供一个宽松、民主的学习环境，把课堂由"教师的讲堂"变成学生的"学堂"，让学生有更多的时间自主学习、自由讨论，在课堂上畅所欲言，最大限度地发挥学生的创造性思维。学生在这样的氛围中，学得轻松、学得快活、学得主动、学得扎实。① 现在高职的教学提倡在做中学,更加突出了学生在教育中的主体地位。如果教师只是一味地讲解,不给学生上手的机会,学生是不能很好地掌握操作技能的,因此培养高职学生的自主意识、独立意识更为重要。

(二) 关心爱护每一位学生

热爱学生是教师所特有的一种职业情感,是搞好教育教学工作的重要因素,也是教师应具备的道德行为。教师对学生的爱,与一般的人与人之间的爱有所不同,它不是来源于血缘关系,也不是来源于教师的某种单纯的个人需求,而是来源于教师对教育事业的深刻理解和高度的责任感,来源于教师对教育对象的正确认识、满腔热情和无限的希望。

教师对学生的热爱具体表现为:了解、理解、关心与爱护学生。教师的教育对象是学生,教师关心爱护学生,把爱奉献给每一个学生,有利于激发学生的学习积极性,增强学生的信心,使学生健康成长。一个好的老师应当主动与学生做知心朋友,倾听他们的心声,深入了解每一个学生的性格、特长、家庭背景、生活情况等,设身处地地为学生考虑,帮助他们解决实际问题,包括内心世界的苦恼与忧愁。这样,教师才会更全面、更深刻地了解学生、理解学生。学生最希望教师能理解他们,教师对学生只有抱以深深的理解,才能产生真正的爱生之情,才能从心灵走向心灵,成为学生的知心朋友。

广博的师爱是教师道德修养和人文修养的体现。顾明远教授指出:教师这一职务的价值取向应该是一切为了学生,一切服务于学生。教师要善于把握学生的身心特点和个性差异,注意倾听学生的呼声,了解学生的要求,为学生健康成长创造条件,提供方便,做好服务。

教师对学生的爱是一种只讲付出、不计回报、无私的、广博的师爱,是教师教育学生的感情基础。教师对学生的爱不仅体现在关心和爱护学习成绩好、遵守纪律的学生,还要体现在关心和爱护那些学习成绩差、缺点较多的学生。教师只有满腔热情地关心和爱护学生,对所有学生公平不偏,一视同仁,才能消除学生的戒备心理和对抗情绪。

爱是教育的原动力,是折服和凝聚学生的内在精神力量,是引导学生健康成长

---

① 刘剑平.浅析良好的师生关系与思想品德教育[J].新课程(下),2011,(5).

的土壤,是融洽师生关系的黏合剂。教师的爱能激起学生对教师的亲近,从而在师生之间架起一座信任的桥梁。学生把教师当成可以依赖的人,教师的教育才能有的放矢,才能被学生愉快地接受。①

(三)建立良好的职业道德

教师的职业道德通常包括事业心、责任感等方面内容,教师职业有着强烈的示范性,教师的服务对象是渴望新知识、不断成长的学生,这就决定了教师这个职业是一种道德含量高的特殊职业。作为教育活动主导的教师,他们的道德水准直接影响着学生。教师的劳动目的不仅仅是传授知识和技能,更主要的是教会学生如何做人,教师的劳动手段也不单单是教材和实验室的设备,而是高尚的道德品行与人格。一个好的教师不仅应具有学术上的影响力,更重要的是具有人格上的感染力,高尚的师德就是一本高质量的教科书,对学生的成长和影响是长久而深刻的。

从古到今,社会对教师都有着较高的职业道德要求,这也是这个职业一直受人尊敬的原因。历代教育家都非常重视师德的作用,在学生的心目中,教师是道德的化身,父母的替身,老师的一言一行,一举一动,音容笑貌,都会直接影响学生的品行。古语云:一日为师,终身为父。可见,教师是学生心目中的"家长",教师要成为学生的表率,因此,师德是教师必备的第一素质。

高职院校教师的职业道德有两层含义:其一,是教师的职业道德要求,其二,是所教专业的职业道德规范,只有把二者有机融合在一起,才能说具备了基本的职业道德,这个融合的过程,便是学习的过程。教师需要终身学习,是学习型社会的基本要求,即便是相对稳定的职业道德规范,也会因为科学技术的发展而提出新要求。如教授电子商务课程的教师就要了解网络道德,因为网上交易不是人与人面对面接触,而是信息与信息的沟通,其对职业道德的要求就提升到了新的高度。随着社会的发展,各行各业中的职业道德规范不断完善,出现了一些新的职业道德规范,因此教师需要在教学过程中,不断学习新职业道德规范,不断在职业道德实践中提升和完善自己的职业道德水平。教师不仅要提升自己的职业道德水准,还要科学有效地引导学生提升职业道德水平。

---

① 赵敏.关于高校建立良好师生关系的思考[J].新疆职业大学学报,2007,(2).

（四）重视身教对学生影响

教师的思想境界、价值取向、行为方式、人格品质等影响着学生的价值观念与言行；教师的知识水平、教学质量影响着学生的智力开发和学习成绩；教师的专业修养和学生的殷切希望也影响着学生的理想和抱负。学生特别容易接受他所仰慕的教师的影响，这就是权威效应。权威效应比起单纯的说教，影响更深刻、更持久。[①]

在学生的成长过程中，教师是重要人物，有人说教师对学生的影响仅次于父母，有人说甚至比父母的影响还要大。学生正处于价值观念和自我意识的形成时期，教师是学生心目中的榜样，是学生模仿的对象。教师的行为方式、人格品质，学生会模仿；人际关系、处事态度，学生会学习和模仿；思维方式、世界观、价值观，学生也会学习和模仿。颜渊就曾对孔子的学问与道德大加感叹："仰之弥高，钻之弥坚。"

教师对学生的影响，主要是通过两条途径实现的：一是言教，二是身教。目前，教师对学生的教育教学活动，主要采用的是言教方式，往往忽视身教的作用。在大量师生之间无意识的日常交往中，除言教外，经常起作用的则是身教。身教包括优雅的仪表，严谨的作风，良好的行为习惯、兴趣爱好，为人处世的方式等。如果教师仪表端庄、自然朴实、作风正派，生活习惯良好，在真善美方面身体力行，做出表率，会给学生以充实稳重、积极向上的感觉，学生就会佩服，就会去效法，就愿意亲近这样的老师。教师对学生的这种身教影响在某种意义上可能超越了教育活动本身。反之，如果教师仪容不整、奇装异服、松懈懒惰、自满自负，定会遭到学生的排斥，不但有损教师的形象，而且难以树立教师威信，所以，言教固然重要，但身教意义则更加重大。

人们常用为人师表来说明老师的表率作用，好的表率往往是高尚人格的折射。大教育家夸美纽斯说过，"教师的职务是用自己的榜样教育学生。"所谓的榜样源自教师的人格魅力，而教师的人格魅力包含了教师渊博的学识和教书育人的能力，它是吸引学生的主要源泉。教师是对学生身心发展施加特殊影响的人，这必然要求教师在人格、品行等方面具有更强的吸引力、影响力和权威性。

---

① 黄芳.当代大学生价值取向和心理素质的调查分析[J].兰州教育学院学报,2010,(3).

身教是一种人格的教育力量,对学生起着潜移默化的作用。所谓言传不如身教,孔子曰:"其身正,不令而行;其身不正,虽令不从。"正如"听其言而观其行",其重点在于"观其行",因为人的行为有实际的过程,有实际的结果,是客观存在,而"言"具有不稳定性和虚拟性,二者互为表里关系。对于高职的学生来讲,身教更为重要,教学过程中,教师的一言一行都会对学生产生深刻的影响。比如,教师在教授技能的时候对课件的摆放、对安全的重视、对他人的尊重,都会成为学生学习和模仿的对象。

教师民主、宽容、充满爱心,学生则自尊、自信、快乐;教师冷漠、刻薄、情绪不稳,学生则自卑、焦虑、敌意,严重者会形成"师源性"心理障碍;教师处事不公,会影响学生对社会的看法等。因此,教师必须不断加强师德修养、优化自身的知识结构和能力结构,时刻注意自己的言谈举止,培养向上的人生观;学会自我控制,培养耐心、豁达、宽容、理解等个性品质;以身立教,为人师表,塑造出教师的个人魅力。

从某种意义上说,教师站多高,学生将来就可以站多高,教师走多远,学生就可以走多远。教师希望学生成为什么样的人,自己就先做那样的人。当你觉得教室内不够整洁的时候,最好的教育方式就是拿起扫帚。身教重于言教永远是教师的道德信条。

(五)提高知识与技能水平

教师的人格魅力不仅得益于他们的学术水平,更得益于他们严谨治学的态度和认真执教的精神,在他们的言行中,自然流露着一个高校教师应有的文化素养、人文精神。教师的权威是以其渊博的学识、敏锐的思想、开阔的视野和谦逊宽容的品质所闪现的人格魅力,赢得学生的尊敬与喜爱;以其身上体现的智慧、知识、道义的力量对学生产生无言而持久的影响,激发学生的学习兴趣。

"德"与"才"是教师最基本的素质,教师一方面要有高尚的思想道德品质和崇高的精神境界,另一方面要有渊博的科学知识素质和扎实的专业功底。师生之间的关系首先是教与学的关系,教师向学生"传道"、"授业"、"解惑",必须具备深厚而广博的学识。随着社会的发展,知识更新速度越来越快,信息传播频率也越来越高,学生获取知识的渠道更加多元化。学生会时常提出一些意想不到的问题,而问题的结论很可能超过大纲和教材的范围,甚至超出教师所学专业的范围。为了适应这种变化,教师必须不断学习,学习专业知识,钻研业务技能。事实证明,学生更喜欢和敬佩有知识、有本领、有能力的教师。

（六）加强与学生的情感沟通

教师对学生真诚地关爱、理解，能增进师生之间的感情，缩短师生心理上的距离，还能激发学生学习的愿望和热情。要尽可能地满足学生的求知欲，注重他们的个体差异，激发学生的课堂参与意识，提高教学效果。要突出对学生的人文关怀，给予学生更多的情感关注，别小看仅仅是一两声平淡的问候，两三行写在作业本上简单的评语，都有可能让学生感动不已。

情感是人际关系的调节器。师生关系具有很强的情感特征，师生关系的本质是教师和学生之间的心理关系。师生之间无论是亲密、友好，还是疏远、淡漠，甚至敌对，都是以情感为中介。师生间心理上的距离越近，彼此越易情感相悦，坦诚相见，互相包容，达成共识，进而实现经验的共享，共同成长；师生间心理距离的疏远则会使双方情感相背，不仅影响各自的身心健康，还会使正常的课堂教学弥散着令人窒息的郁闷气息，甚至是火药味，使教育活动难以开展。[①]

心理学研究表明，当一个人情绪处于满意、愉快和兴奋之中，对所从事的活动由衷地喜爱时，常常感知敏锐，思维开阔，能创造性地解决问题，并产生良好的记忆效果；反之，当一个人悲伤、抑郁，对学习或工作产生厌倦时，就会反应迟钝，思维狭隘，毫无创造性可言。

教师的情感不仅影响着自身的教学理念和教学风格，也影响着学生的学习动机、兴趣与态度等。有研究表明，当学生拥有了积极的情感，如强烈的学习动机、浓厚的学习兴趣、很强的自信、坚强的意志和大胆实践的精神等，输入学生大脑的教学内容大部分会被内化和吸收；反之，当学生出现焦虑、烦躁、紧张、胆怯或厌倦等消极情绪时，大脑的习得机制就会对学习材料进行情感过滤，学生的消极情绪越重，情感过滤的量就越大，输入的效率就越低。学生喜欢和爱戴的老师一走进课堂，课堂气氛就会显得活跃、愉快，学生的学习兴趣就会油然而生。反之，学生对某位老师产生了厌倦和恐惧，对他所教授的课程也不会产生兴趣，甚至因人废事，讨厌上课。可见和谐的师生关系不仅能置换轻松愉快的课堂氛围，还能使学生的生理和心理得到较好的调适，更可使学生的学习潜力得到最大限度的发挥。学生愿

---

① 张彦君.师生关系的心理学思考[J].河南社会科学,2003,(2).

意为他所喜欢的教师而努力学习,拒绝为他不喜欢的教师去学习。

从我国的启蒙学教育开始,教师与学生的位置关系就是不平等的。"一日为师,终身为父"的观念经历了几千年的传播,无形中在教师和学生的心目中造成了一定的影响,从而使学生对教师敬而远之,不敢和教师进行心灵的沟通,同时教师也很难放下架子,与学生进行沟通,导致师生关系中形成了一堵厚厚的墙。现在高职师生之间也存在着缺少交流与沟通,在思想上、情感上有隔膜,师生之间缺乏理解的状况。要改变这种现状,教师就要经常主动地接近学生,关心学生,与学生交流,真诚对待每一位学生,从学生身心发展的规律和特点去认识学生,帮助他们发扬优点,改正缺点,激励他们克服困难,努力学习。只有这样,学生才会愿意亲近教师,才愿意向教师打开心扉,才会在矛盾和困难中主动向教师寻求帮助,教师才能在建立和谐师生关系中掌握主动权。学生都有亲近老师的心理,愿意和老师接近,愿意听从老师的教诲,期待着老师的关爱。教师要用热爱与尊重的行为,去赢得学生的喜爱与信任、创造出一种宽松、和谐、相互尊重的教学氛围。[①] 要把微笑带进课堂、把激励带进课堂、把竞争带进课堂,把信任的目光投向每一位学生,把尊重的话语送给每一位学生,把和蔼的微笑洒向每一位学生。

(七) 提高教育与教学智慧

教师要得到学生的尊敬、信任和爱戴,使自己具有强大的教育感召力,仅有责任心、专业水平是远远不够的,还要掌握一定的方法与技巧。

第一,要善于了解学生。伟大的教育家孔子有弟子3000人,成才的有72人。孔子说起学生来如数家珍,如颜回乐而忘忧,子路勇气非凡,子贡有一定才干,却是个"器才"等。教师只有全面了解学生的思想表现、兴趣爱好、性格特点、学习情况、家庭情况、社会交际等,才能根据学生的不同情况,因势利导地进行有针对性的教育。要了解学生,教师就要主动走近学生,那种上课来,下课走,从不与学生交谈的教师,是不可能与学生建立起良好师生关系的。教师要经常深入到学生当中,主动去关心、了解学生,做学生的良师益友。当前的学生知识面广,心理成熟早,教师可以试着走进学生的学习中,走进学生的生活中,先做他们的忠实听众,再慢慢地对他们加以辅导和指引,使学生对教师不再感到陌生,从而开始接近教师、信任教师,

---

① 伊秋志.建立新型的师生伦理关系[EB/OL]. http://www.edu.cn/jiao_shi_wen_ji_57/20060323/t20060323_115950.shtml,2012-01-16.

与教师建立起一种友谊。之后再对学生进行教育,使这种友谊转变为良好的师生关系。①

第二,要善于鼓励学生,赏识和鼓励是一种巨大的教育力量,学生会因为教师的赏识和鼓励而感受到成功的喜悦,同时也会感受到关心、爱护和信任,会更加自尊、自信、自强,会诱发出一种积极向上的动力,会更加勤奋地学习。对于学生创造性的思想要及时给予鼓励,对于学生难以接受的要求,教师要耐心等待和自觉反思。只有这样才能让学生充分动起来,特别是让学生的思想动起来、嘴动起来、手动起来,使学生在动中发挥主体作用,在动中进行体验和交流。要多发现他们身上的优点和进步,哪怕是一点点进步,都要及时给予鼓励。②

第三,要善于引导学生。对于学生的教育要先通情后达理,要针对个性,因材施教。如对性格内向的学生要对其仔细观察,动之以情,晓之以理,热情鼓励他们多开口,要把握时机,多给他们表现的机会,并多给予表扬,帮助他们克服自卑感;而对于外向型学生,要给他们充分表现自我的机会,保持他们学习的热情,鼓励他们的创新,包容他们的张扬。教师要善于培养和利用个性中积极因素,利用好它们能起到事半功倍的效果。特别是对待学习成绩不够理想的学生,要给他们真诚的目光、知心的话语,要睁大眼睛去寻找他们身上的优点,相信他们的潜力,激励他们、切实帮助他们,使他们不断品尝到哪怕是一点点的成功喜悦,鼓足他们上进的勇气和信心。③

第四,要善于化解矛盾。大学生正处在人生发展的黄金时期,思维活跃、情绪多变。如今的学生对教师不再是百依百顺、听从安排,学生对教师所实施的教育教学行为也有不满、抵制乃至反抗,师生之间的对立、冲突会不可避免地发生。如果教师能灵活运用教育智慧,因势利导、随机应变,善于根据学生的需要和特点,调动积极因素,循循善诱,扬长避短,化消极因素为积极因素,变被动为主动,就有利于化解矛盾;若是处理不好,不仅伤害师生情感,而且有损教师的威信,妨碍教学活动的进行。④ 不能把和谐的师生关系看作无原则地与学生打成一片,像父母溺爱

---

① 浅谈师生关系与学生的发展[EB/OL]. http://www.youjiao.com/e/20090824/4b8bce6c0c7da.shtml,2012-9-21.
② 孙海涛.构建高校和谐师生关系的思考[J].贵州政协报,2008,(8).
③ 伊秋志.建立新型的师生伦理关系[EB/OL]. http://www.edu.cn/jiao_shi_wen_ji_57/20060323/t20060323_115950.shtml,2012-01-16.
④ 乔宁.机智使教育更顺利[EB/OL]. http://www.bdyz.com.cn/bdyz/deyuzhichuang/deyukeyan/2012/0428/751.html,2012-10-13.

孩子一样地过分纵容,那样就扭曲了"和谐",教师与学生之间应严而有格,宽而有度,把握好分寸,让学生感觉到老师的关心,有困难时会得到帮助和依靠,犯了错误会受到批评。这样做学生就会真正地理解你,走近你,喜欢你,佩服你,喜欢和期待你的课堂,从而真正达到师生间的和谐。

二、学生尊敬教师,明理善学

(一)尊敬教师

"尊师重教"是中华民族传统美德,学生应继承和发扬"尊师重教"的优良传统,尊重教师、尊重知识,珍惜教师的劳动。"尊师重教"不只是一种思想,更重要的是一种行动。学生尊重教师,也会受到教师的尊重,学生与教师在互相尊重的基础上相互合作、共同成长。

尊敬教师首先要理解教师的工作,教师的工作是高心智付出的工作,非常辛苦,教师备课、授课、批改作业、搞科研,特别是高职的教师,还要带领学生开展实践、实习及社会服务等一系列活动;其次,要尊重教师的劳动,教师认真备课,力图把知识与技能传授给学生,让学生成才,因此学生要以积极进取的心态,汲取知识,练就技能,参与教学活动,勇于创新,完成好学习任务;再次,要接受教师的教育,教师的教育任务是教书育人,不仅要传授知识,还要负责修正学生成长过程中的不良行为,因此对于教师的批评教育,学生要善意地理解,要勇于改正;最后,要促进教师提高,教师在帮助学生成长的同时自身也在成长,因此教师也不是完美无缺的,学生要正确对待教师的过失,要以诚恳的态度、委婉的语气,在适当的时机向教师指出问题与建议,帮助教师改进,促进教师成长。

(二)明理修德

学生要加强自身修养,遵守学业道德。高职学生在大学生中是一个相对特殊的群体,许多学生在学业上受过挫折,且面临较大的就业压力。

高职学生要加强自我教育,在班级文化建设中,要积极开展遵守社会公德、爱校爱师、自尊自爱、勤学善思、诚实守信、助人为乐、服务社会等教育,培养爱社会、爱集体、爱他人、爱工作、善于沟通、善于合作的良好职业品质。对于高职的学生来说,德业为魂、学业为基、职业为本,只有德业、学业、职业三业并进,才能成为社会需要的职业道德水准高、专业知识结构好、综合职业能力强的应用型人才。

在以往的职业道德教育中往往只注重教师对学生的教育,其实学生的职业道德行为也会对教师产生教育作用。学生像一面镜子,折射出教师言行的一切,也会反映出教师职业道德水准与职业道德规范要求之间的差距。学生对教师所传递的职业教育信息会有一种反馈,教师要求学生要精业、严谨,可当教师上完课后,或工具散乱一地,或黑板、讲台一塌糊涂……就会减弱教育作用。此时,如果学生主动上前收拾得井井有条,也会对教师职业道德养成起到一定的促进作用。教师和学生的职业道德行为,只有相互影响、相互促进,才能共同提高。

（三）以学为本

师生之间的关系最重要的就是教与学的关系,如果教师不教、学生不学就不存在师生关系,如果教师不愿教、学生不愿学,就不可能有良好的师生关系,良好的师生关系一定是在教与学的良性互动中产生与深化的。学生越深入地学,越会感觉到教师知识的渊博,师德的高尚,就越愿意接近教师,汲取知识,学业就越有长进。目前,一些学生在外部功利主义倾向的影响下对学习不感兴趣,对专业问题的讨论提不起精神,教师的讲授得不到学生的回应,双方没有认同感。

学习是学生的根本任务。对于高职的学生来说,学习专业知识,掌握一技之长是立身之本。从某种意义上说,教师也是师傅,能否学艺成功,师生关系非常重要。教师与师傅不同之处在于,教师是助人的职业,教会学生、教好学生是他们的职业收获,他们没有"教会徒弟饿死师傅"的后顾之忧。因此只要学生认真学,教师一定会毫无保留地教给学生,不会留一手,并希望学生能超过他自己。所以学生要明确自己的学业目标,积极建立良好的师生关系,完成好学业。

（四）虚心求教

目前,高职院校大多还是采用班级教学,教师,特别是公共课教师,要面对上百个学生,和学生相处的时间短暂,使得教师不可能兼顾到每一位学生,对每一位学生都了如指掌,客观上造成了教师对学生不能完全了解、理解。为此,无论在课堂上的交往,还是在日常生活中的交往,学生都应该积极主动。

教师不仅传道、授业、解惑,在学识上领先于学生,教师还有着丰富的人生阅历,可以给没有社会经历的学生在人生道路的选择上指点迷津。作为学生,要主动与教师交流学习和生活中的心得体会、疑难困惑,把教师当做自己的朋友、亲人、长辈。① 教师都喜欢勤学好问的学生,向教师请教问题是师生交往最自然的状态,与教师讨论问题不仅增长学识,还可以加深对教师的了解,拉近师生间的距离,增进师生间的情感,密切师生间关系。成长之中的大学生更该以端正的态度对待教师,虚心求教。

三、学校人文管理,创造和谐

(一)改革管理制度

学校在管理制度的设立上,应一切以学生能否掌握真才实学、能否健康成长为出发点。应当从制度上规定教师管教管导,既要教书又要育人;既要传授知识、开发智力,又要培养学生的科学态度和职业道德,关心学生的心理健康;还应当从制度上促进教师重视自我修养和自我约束。学校要以事业吸引人,用政策激励人,靠情感团结人。同时,学校要注重激发教师的专业意识和角色信念,让教师觉得自己在学校有地位、有价值;要努力维护教师权益,尊重教师权利,关心教师疾苦,听取教师意见,帮助教师进步,鼓励教师创新,科学公正地评价教师的劳动,真正把教师的专业自主性发挥出来。另外,还要宣传教师业绩,挖掘教师的内在潜能,张扬教师的个性,激发教师的积极性。② 加强培养培训、建立竞争机制、搭设展示教师才华的舞台,为教师成长铺路搭桥。

(二)完善评价机制

现在不论是教师评价制度,还是学生评价制度,都存在一定问题。在现有评价体系下,老师整天忙于搞科研、发论文,课上得好不好不要紧,对学生负责不负责、关心不关心也不要紧;而学生就忙着混学分、考证书、找工作,个人品行好不好、专业知识掌握得好不好,似乎也不重要。只有改变这种评价制度,学生和老师各自的

---

① 赵龙.高校如何建立融恰的师生关系[EB/OL]. http://news.xinhuanet.com/edu/2008-01/12/content_7410531.htm,2012-5-16.

② 邓显波.论改善高校师生关系的途径[J].经济与社会发展,2008,(7).

角色到位,才能保障教学工作的顺利进行。[①]

对学生的评价除学习成绩外,还应关注学生的道德品质、情感态度、身心发展、个性特长,评价中既要关注学生现实需要,尊重学生的兴趣爱好,又要兼顾学生的长远发展,评价内容要兼顾共性与个性,促进学生健康发展;既要有数量指标,也要有质量指标。对于高职学生的评价,还要考察其职业认知,动手能力及职业道德等。

对教师的评价除教学态度、教学内容、教学方法、教学效果外,还应关注教师个体差异,体现人文关怀,关注教师的闪光点、努力程度和进步状况,动态、发展地评价教师。评价应促进教师在横向比较中正确地进行自我定位,有利于教师发现自己的长处和不足,在纵向比较中发现自己的进步与差距,有针对性地改进教学工作,缩短成长周期。

大学生思想相对成熟,有一定的分析能力、判断能力,应该在教学评价中合理地听取学生的意见,正确引导学生客观、诚信地评价教师。从现实来看,大部分学生能够客观公正地评价教师,但是也不可避免地存在一些情绪化和不理性、功利性因素。杨帆教授说的"学生可以给老师打分,老师就得宠着学生,让他们高兴,容忍学生的毛病,完全没有师道尊严",这确实反映了高校教育管理的一个难题,对构建和谐的师生关系有很大的互动影响,因此应予以关注,应从评价方式、评价指标上,更加科学化合理,更加人性化。

(三)加强沟通交流

和谐的师生关系是在互动和交往中建立起来的,因此要从制度上保证师生有一定的交往频度,让教师多与学生接触,促进师生相互沟通和了解。例如,可建立教师参加学生集体活动的制度,规定教师联系一个班级,参加其教学、实践及文体活动;建立教师接待或访谈学生制度。定期接受学生的咨询,帮助学生解决学习及人际交往上的问题;从政策上鼓励相关教师参与指导大学生社团和科技活动,定期接受学生的咨询或访谈学生,让师生关系在高品质教学中得以升华,推进校园文化建设和师生关系优化。

目前,全国各高校都已建成校园网,这为营造和谐师生关系提供了有利的客

[①] 贺林平.师之过? 生之过? [N].人民日报,2008-01-17.

观条件。教师可以向学生公布自己的电子邮箱和QQ号,还可建立自己的个人主页或微博,也可加入到班级QQ群、班级论坛等,与学生进行交流。在这方面,美国很多高校的一些做法值得借鉴,康奈尔大学把新生安排在有研究教室的宿舍楼里,使师生可以在一起生活和学习;斯坦福大学首创了"大学内大学"、允许大学一年级、大学二年级学生和几位教师一起学习与生活,随时都可以讨论,既有利于师生教学相长,提高专业水平,更有利于师生之间增进感情,建立和谐师生关系。①

(四)增强服务意识

教师及教育管理者既是学生的老师,同时又是学生的服务员,对学生的管理理念要由原来的偏重管制和教育向注重服务转变。要突出"以生为本、服务至上"的思想,强化服务功能,提高服务质量。要建立和谐的师生关系,坚持从服务学生、维护学生合法权益出发,将教育、管理和服务有机统一起来,拉近师生之间的距离,增加师生之间的亲和感,提高学生对学校的归宿感。以学生为主体,就是要求教育要适应千差万别的学生,对有困难的学生,要加倍关怀,教育他们正确认识困难,积极克服困难,以积极、健康、乐观的心态面对学习和生活中的问题;对有心理问题的学生,要积极开展心理咨询服务,运用心理学的方法疏导学生,帮助他们学会调适心理和排除心理障碍等。在学生遇到学业上的问题时,有人指导;当他们遇到人生的困惑时,有人关心;在学生遇到困难时,有人提供帮助;让学生感受到学校的关怀与教师的友爱。要为学生提供适宜成长和发展的良好环境,向每一位教职工强化"以学生为本"的意识。在此基础上,通过完善的制度保障,让服务学生成为一种自觉的行为。②

(五)强化心理教育

交流与沟通是加强师生之间联系的重要形式,是促进人际关系改善的重要手段。师生通过交往,可以沟通、交流情感,寻求理解,建立友谊,但一些不良的心理因素,如自卑、害羞、嫉妒、恐惧、猜疑、自我封闭等时常影响师生人际交往的正常进行,有的师生不敢交往,不愿交往,甚至不能交往。因此,高校应加强师生心理健康教育,设立心理健康咨询站等,注重对师生真诚、自信和信任的良好心理品质的培

---

① 余国政.高校师生关系和谐论[J].黄石理工学院学报(人文社会科学版),2007(1).
② 孙海涛.构建高校和谐师生关系的思考[N].贵州政协报,2008(8).

养,帮助师生解除心理困惑,排除交往障碍,减少心理疾患。学校、老师和学生都要正确认识师生中存在的心理问题,重视心理健康教育。要形成校园和师生个人对心理咨询与治疗的认同氛围,使有心理困惑的人主动接受心理治疗,消除危害良好人际关系的心理因素,促进师生关系的和谐发展。

(六) 营造和谐氛围

校园文化是大学的精神沃土,它能使置身于校园中的师生耳濡目染,潜移默化。丰富的校园文化活动,能给师生共同参与的机会,使之在自由、宽松、宽容的校园人文环境中自由、平等、积极地进行交流和沟通。

校园环境主要包括学校所处的地理位置、周边环境、教学和生活服务、学术文化氛围、群体心态、人际关系等。其中,良好的文化环境能感染和影响生活于其中的每一个人,使他们从思想感情上、行为习惯上自觉遵从这种文化氛围,约束自己的言行。所以,在建设校园环境时,一方面需要增加建设投入,建设美丽的校园环境,以增强大家的责任感与自豪感;另一方面要求教师以身作则,身先表率,以影响、感染和带动学生自觉主动融入到特有的校园文化氛围中。

在校园文化建设方面,可以集师生智慧,通过举办人文、科技讲座等形式,将教师的教学成果与校园文化活动相结合,从而提高活动的质量和品味;也可以通过组织以专业学习或职业技能训练为主要内容的社团活动;还可开展文化沙龙、师生论坛、文化艺术节等活动。在思想碰撞、学术争鸣、信息沟通中,营造一种科技、人文交融,师生交流互动,生气勃勃的环境氛围,从而提高教师教书育人的崇高责任感,培养学生崇尚知识、钻研技能、勇于进取的精神。建立和谐师生关系,构建和谐校园,不是单一行动,还需要运用激励机制,如表彰先进、树立典型等举措,以倡导良好的道德风尚和社会舆论,让和谐精神得到弘扬。

总之,和谐的师生关系是高校完成育人使命的基石,师生和谐才能使双方真正意识并尊重对方的存在,教师也才能真正影响并促进学生成长。良好的师生关系可演变为一种巨大的教育力量,成为学校无形的教育资源,进而为促进教育质量的提高奠定坚实的基础,为培养出更多更好的高层次高素质人才,为构建和谐校园起到举足轻重的作用。[①]

---

① 李剑,赵立华.高校不和谐师生关系因素分析和对策探讨[J].衡水学院学报,2009,(3).

第四节 构建高职院校和谐师生关系的途径

一、在课堂教学中建立和谐关系

师生之间的关系首先是教与学的关系,教与学最主要的活动是在课堂上进行的,因此课堂就成为了师生共同学习、交流、沟通最主要的途径。对于学生而言,学生应尽可能了解教师,理解教师,与教师进行良好的沟通与互动,在与教师的交流中获取知识与人生经验,促进自身的健康成长。对于教师而言,在课堂教学中,教师通过各种信息,对所面对的教育集体进行整体判断,并随着教学活动的深入,逐步认识、了解每一位学生。同时,教师的诸多素质,教师的教育理念、对学生的态度都会在课堂上充分地表现出来。教师在教学活动中应该利用自己的知识优势,树立自己的权威形象;阐述自己的政治、道德观点,展示对学生的爱心,赢得学生的尊重,沟通师生之间的情感。[①]

二、在课外活动中建立和谐关系

课外活动中的师生关系是课堂教学中师生关系的补充。在课外活动中,师生双方的关系形态发生变化,教师从讲台上走下来,置身学生中间,与学生形成更加直接、更加亲密的师生关系。在这种关系形态下,师生双方的相互了解是立体的、多侧面的,它使师生双方在彼此心目中的形象更加丰满、充实,有血有肉。课外活动是丰富多彩的,课外活动中的师生关系的教育作用也是多层次的,教师要在课外活动中充实自己在学生心目中的形象,给学生树立崇高的榜样。同时,让学生不断

---

① 李剑,赵立华.高校不和谐师生关系因素分析和对策探讨[J].衡水学院学报,2009,(3).

了解自己,自己也不断了解学生,了解学生的个性差异,并了解学生的非智力因素,发掘学生身上的闪光之处,拉近与学生之间的情感与心理距离,达到师生双方正式关系与非正式关系的和谐、教育关系与心理关系的和谐、集体关系与个体关系的和谐。①

三、在校外活动中建立和谐关系

校外活动是淡化了教育痕迹的活动,却蕴藏着丰富的教育内涵。有时候,这种活动也是强化优良师生关系、改善不良师生关系的必由之路和变通手段。因此,师生关系建立的多途径要求教师不仅在课内外,而且要在校内外意识到自己的职业角色和社会地位,增强教育的立体效果。② 如在校外郊游等活动中,教师的博学、自律与关爱,会让学生更加喜爱和信任教师;学生的积极与热情、团结与协作、进取与创新,也会让教师更加愿意接近学生、帮助学生。

高职院校要利用多种途径开展形式多样的实践与文体活动,如暑期社会实践、技能大赛、文艺汇演等,使学生在活动中学会自我管理、自我教育。教师要尽量参加学生活动,如指导实践与技能竞赛,师生同台演出,深入寝室了解学生思想现状、学习与生活,及时帮助学生解决困惑,增加交往频率。

四、在网络环境中建立和谐关系

在信息技术飞速发展的今天,网络为和谐师生关系的生成提供了新的机遇。师生借助电子邮件、个人网页、公共网络交流平台、网络聊天、文件传输或远程登录、网络调查、网络搜索与浏览等开展即时或延时的交流,新型师生交往在网络世界中生成。

学校应充分利用现代信息技术,设立师生交流论坛,为师生交流创造平台。如利用网络资源、建立教学信息调查咨询制度等措施,给学生提供更多的参与教学改革的机会以及更多的"知情权",从而沟通师生之间的思想、减少教学改革中的决策失误、提高教学质量,给构建和谐的师生关系搭建一个宽阔的平台。给予

---

① 张六胜.化学教学中的师生关系[J].科技信息(学术研究),2007,(30).
② 同上.

教师和学生更多对话与交流的机会,改善师生关系。

网络促成了师生的新角色,改变了师生关系的属性,网络的应用,打破了传统、固定的师生角色,缩短了师生之间的心理和物理距离,弱化了教师"传道、授业、解惑"的形象,强化了沟通、指导、帮助的功能。同时通过网络进行的交往,使师生摆脱了实时交往时身份、背景、环境等实体因素的制约,拓展了交往场所、延伸了交往时间、扩大了交往人数、丰富了交往类型,提高了交往效率,同时也增加了师生交流情感、信息、思想、观点等的主体性。

附 录

问卷编码：_____

高职院校师生关系调查问卷（教师用）

尊敬的老师：

  你好！

  非常感谢您能接受我们的调查！为了解高职院校师生关系，改进高职教育教学工作，进行这次调查。调查问卷不记名，您的每项回答对我们都很重要，希望您积极参与。

  填答这份问卷可能需要10分钟左右的时间，衷心感谢您的支持和参与！

《高职院校师生关系研究》课题组

2010年12月

【填答说明】

  1. 请将每一个问题后适合自己的选项填入后面的括号内，或者在选项后面的方格中划○。

  2. 如果有些题目没有适合您情况和想法的选项，请在该题的"其他"栏后空白处写下您的具体情况和想法。

3. 若无特殊说明,每一个问题只能选择一个答案。

一、基本信息

年龄:　　　　性别:　　　　职称:　　　　专业:

工作类型:A.专任教师　　　B.辅导员或班主任　　　C.教辅人员

二、主要内容

1. 您认为您与学生的关系(　　)。

A. 很好　　B. 较好　　C. 一般　　D. 较差　　E. 很差

2. 除上课外,您与学生交流的时间(　　)。

A. 课间　　B. 课后　　C. 周末或节假日　　D. 无交流

3. 除上课外,您与学生交流的频率(如果选B或C,请接着做第4题)(　　)。

A. 经常　　B. 偶尔　　C. 无交流

4. 您与学生很少交流,其主要原因在于(　　)。

A. 教学、研究任务繁重　　B. 没有共同语言

C. 不愿意交流　　　　　　D. 其他_____

5. 您与学生交流的方式(可多选,请根据重要程度排序)(　　)。

A. 面谈　　B. 电话　　C. 网络　　D. 开展活动　　E. 其他_____

6. 您与哪些学生交流较多(可多选,请根据重要程度排序)(　　)。

A. 学生干部　　　　　　B. 学习成绩好的学生

C. 经常违纪的学生　　　D. 学习或生活有困难的学生

E. 普通学生　　　　　　F. 其他_____

7. 您与学生交流的内容主要是(可多选,请根据重要程度排序)(　　)。

A. 与本专业相关的知识与技能　　B. 学生职业生涯发展

C. 学生学习与生活中遇到的问题　D. 对学生的看法和建议

E. 对教师的看法和建议　　　　　F. 其他_____

8. 您在何种情况下主动与学生交流(　　)。

A. 在课堂上发现问题后　　B. 学生面临升学与就业等重大问题时

C. 学生遇到挫折时　　　D. 随兴所至　　　　　E. 其他_____

9. 您认为学生与您交往的动机是(　　)。

   A. 学到更多知识和技能　B. 获取人生经验与指导

   C. 搞好关系　　　　　　D. 其他_____

10. 您对学生的态度取决于(可多选,请根据重要程度排序)(　　)。

    A. 学习成绩的优劣　　　B. 学生行为的好坏

    C. 私人关系的远近　　　D. 其他_____

11. 当学生向您寻求帮助时,您是否提供了帮助(　　)。

    A. 有求必应　　　　　B. 视情况而定　　　　C. 没有帮助

12. 您认为学生的学习状态(　　)。

    A. 很好　　B. 较好　　C. 一般　　D. 较差　　E. 很差

13. 您与学生发生冲突的情况(如果选 A 或 B,请接着做第 14 题)(　　)。

    A. 经常　　B. 偶尔　　C. 从未

14. 您与学生发生冲突的原因(　　)。

    A. 课堂纪律　　　　　B. 考试成绩

    C. 评优、入党等问题　D. 其他_____

15. 您认为学生在尊敬师长方面做得(　　)。

    A. 很好　　B. 较好　　C. 一般　　D. 较差　　E. 很差

16. 您认为学生喜欢什么样的教师(可多选,请根据重要程度排序)(　　)。

    A. 师德高尚　　　　　B. 知识广博

    C. 技能高超　　　　　D. 工作认真

    E. 公平公正　　　　　F. 尊重学生

    G. 善于沟通　　　　　H. 关爱学生

    I. 风趣幽默　　　　　J. 其他_____

17. 您认为学生不喜欢什么样的教师(可多选,请根据重要程度排序)(　　)。

    A. 无真才实学　　　　B. 不负责任

    C. 不尊重学生　　　　D. 不公平公正

    E. 不关心学生　　　　F. 言行不一

    G. 其他_____

18. 您对目前教师以下方面的评价为(请在相应的选项上划○)。

	非常满意 A	比较满意 B	一般 C	不满意 D	非常不满意 E
教师工作态度					
教师教学水平					
教师专业素质					
教师思想道德品德					
对教师的总体评价					

19. 您认为师生关系对您教学工作的影响(　　　)。

　　A. 影响很大　　B. 影响较大　　C. 有些影响　　D. 无影响

20. 您认为师生关系影响您的(可多选,请根据重要程度排序)(　　　)。

　　A. 教学态度　　B. 教学效果　　C. 心理健康　　D. 其他_____

21. 您认为师生关系存在的主要问题是(　　　)。

　　A. 师生交流少　　　　　B. 学生不尊重教师

　　C. 教师不关心学生　　　D. 其他_____

22. 您认为影响师生关系的主要因素(可多选,请根据重要程度排序)(　　　)。

　　A. 社会环境　　　　　B. 教学组织形式　　　　C. 教育方法

　　D. 学生自身因素　　　E. 教师自身因素　　　　F. 其他_____

23. 您认为师生关系定位是(　　　)。

　　A. 提供服务者与消费者　　B. 亦师亦友

　　C. 师徒关系　　　　　　　D. 其他_____

24. 您认为目前的师生关系(　　　)。

　　A. 很好　　B. 较好　　C. 一般　　D. 较差　　E. 很差

25. 您对建立良好师生关系是否有信心(　　　)。

　　A. 有　　B. 说不清　　C. 没有

26. 请用几个词写下您对学生群体的评价。

27. 请写下建立良好师生关系的关键词。

附　录

问卷编码：_____

高职院校师生关系调查问卷（学生用）

亲爱的同学：

你好！

非常感谢您能接受我们的调查！为了解高职院校师生关系，改进高职教育教学工作，进行这次调查。调查问卷不记名，您的每项回答对我们都很重要，希望您积极参与。

填答这份问卷可能需要10分钟左右的时间，衷心感谢您的支持和参与！

《高职院校师生关系研究》课题组

2010年12月

【填答说明】

1. 请将每一个问题后适合自己的选项填入后面的括号内，或者在选项后面的方格中划○。

2. 如果有些题目没有适合您情况和想法的选项，请在该题的"其他"栏后空白处写下您的具体情况和想法。

3. 若无特殊说明，每一个问题只能选择一个答案。

一、基本信息

性别：　　　　　年级：　　　　　专业：

二、主要内容

1. 您认为您与老师的关系（　　）。

   A. 很好　　B. 较好　　C. 一般　　D. 较差　　E. 很差

2. 除上课外,您与老师交往的时间（　　）。

   A. 课间　　B. 课后　　C. 周末或节假日　　D. 无交流

3. 除上课外,您与老师交往的频率(如果选 B 或 C,请接着做第 4 题)。

   A. 经常　　B. 偶尔　　C. 无交流

4. 您与教师很少交流,其主要原因在于（　　）。

   A. 教师教学、研究工作繁忙　　　　B. 学业任务繁重

   C. 没有共同语言　　　　　　　　　D. 不愿意交流

5. 您与老师交流的方式(可多选,请根据重要程度排序)（　　）。

   A. 面谈　　B. 电话　　C. 网络　　D. 开展活动　E. 其他_____

6. 您与哪些老师交流较多(可多选,请根据重要程度排序)（　　）。

   A. 任课教师　　　　B. 班主任、辅导员　　　　C. 教辅人员

7. 您与老师交流的内容主要是(可多选,请根据重要程度排序)（　　）。

   A. 与本专业相关的知识与技能　　　B. 学生职业生涯发展

   C. 学生学习与生活中遇到的问题　　D. 对学生的看法和建议

   E. 对教师的看法和建议　　　　　　F. 其他_____

8. 您在何种情况下主动与老师交流（　　）。

   A. 在课堂上发现问题后

   B. 遇到升学与就业等重大问题时

   C. 遇到挫折或与不能处理好同学间关系时

   D. 其他_____

9. 您与老师交往的动机是（　　）。

   A. 学到更多知识和技能　　B. 获取人生经验与指导

   C. 搞好关系　　　　　　　D. 其他_____

10. 您对老师的态度取决于(可多选,请根据重要程度排序)（　　）。

    A. 教师的教学水平　　B. 师德

    C. 私人关系的远近　　D. 其他_____

11. 当您向老师寻求帮助时,您是否得到了帮助(　　)。

　　A. 有求必应　　　　　B. 视情况而定　　　　　C. 没有帮助

12. 您认为教师的工作状态(　　)。

　　A. 很好　　B. 较好　　C. 一般　　D. 较差　　E. 很差

13. 您与老师发生冲突的情况(如果选 A 或 B,请接着做第 14 题)(　　)。

　　A. 经常　　B. 偶尔　　C. 从未

14. 您与老师发生冲突的原因(　　)。

　　A. 课堂纪律　　　　　　　　B. 考试成绩

　　C. 评优、入党等问题　　　　D. 其他_____

15. 您认为教师在尊重学生方面(　　)。

　　A. 很好　　B. 较好　　C. 一般　　D. 较差　　E. 很差

16. 您喜欢什么样的教师(可多选,请根据重要程度排序)(　　)。

　　A. 师德高尚　　B. 知识广博　　C. 技能高超　　D. 工作认真

　　E. 公平公正　　F. 尊重学生　　G. 善于沟通　　H. 关爱学生

　　I. 风趣幽默　　　　　　　　J. 其他_____

17. 您不喜欢什么样的教师(可多选,请根据重要程度排序)(　　)。

　　A. 无真才实学　　B. 不负责任　　C. 不尊重学生　　D. 不公平公正

　　E. 不关心学生　　F. 言行不一　　G. 其他_____

18. 您对目前教师以下方面的评价为(请在相应的选项上划○)。

	非常满意 A	比较满意 B	一般 C	不满意 D	非常不满意 E
教师工作态度					
教师教学水平					
教师专业素质					
教师思想道德品德					
对教师的总体评价					

19. 您认为师生关系对您学习的影响(　　)。

　　A. 影响很大　　B. 影响较大　　C. 有些影响　　D. 无影响

20. 您认为教师哪些方面对您的影响较大(可多选,请根据重要程度排序)(　　)。

　　A. 师德　　B. 专业知识　　C. 行为　　D. 其他_____

21. 您认为师生关系影响您的(可多选,请根据重要程度排序)(　　)。

　　A. 学习兴趣　　　B. 学习态度　　C. 心理健康　　D. 其他_____

22. 您认为师生关系存在的主要问题是(　　)。

　　A. 师生交流少　　　　　　B. 学生不尊重教师

　　C. 教师不关心学生　　　　D. 其他_____

23. 您认为影响师生关系的主要因素(可多选,请根据重要程度排序)(　　)。

　　A. 社会环境　　　　　　　B. 教学组织形式

　　C. 教育方法　　　　　　　D. 学生自身因素

　　E. 教师自身因素　　　　　F. 其他_____

24. 您认为师生关系定位是(　　)。

　　A. 提供服务者与消费者　　B. 亦师亦友

　　C. 师徒关系　　　　　　　D. 其他_____

25. 您认为目前的师生关系(　　)。

　　A. 很好　　　B. 较好　　　C. 一般　　　D. 较差　　　E. 很差

26. 您对建立良好师生关系是否有信心(　　)。

　　A. 有　　　　B. 说不清　　C. 没有

27. 请用几个词写下对教师群体的评价。

28. 请写下建立良好师生关系的关键词。

参 考 文 献

1. 〔法〕卢梭著.爱弥儿[M].李平沤译.北京：人民教育出版社,2001.
2. 〔美〕杜威著.民主主义与教育[M].王承绪译.北京：人民教育出版社,2001.
3. 〔美〕小威廉姆·多尔著.后现代课程观[M].王红宇译.北京：教育科学出版社,2000.
4. 〔英〕罗素.西方哲学史[M].北京：商务印书馆,2008.
5. 戴征.现代和谐师生关系研究[J].现代商贸工业,2009(22).
6. 丁桂莲.从民谚看中国古代职业教育中的一般师徒关系[J].教育学术月刊,2012(5).
7. 方跃平,翟文艳,吴松,张礼超.对高校师生关系本质体系的思考[J].经济研究导刊,2009(12).
8. 郭小英,许若兰,王芳.近十年来高校师生关系现状研究综述[J].今日南国,2009(2).
9. 黄崴.教育法学[M].广州：广东高等教育出版社,2002.
10. 黄甫全.现代课程与教学论学程[M].北京：人民教育出版社,2006.
11. 黄桂萍,卢颖.当代高校师生关系现状及成因分析——以广东省高校为分析样本[J].江西教育,2009年(9).
12. 黄济.教育哲学通论[M].太原：山西教育出版社,2006.
13. 贾进社.论人文教育理念重构[J].理论导刊,2005(8).
14. 劳凯声.变革社会中的教育权与受教育权：教育法学基本问题研究[M].北京：教育科学出版社,2003.
15. 李海宗.高等职业教育概论[M].北京：科学出版社,2009.
16. 李娟,叶信治.以学生发展为本的大学教学制度[J].教育与考试,2009(4).
17. 李兰巧,戴军.高职院校师生关系的实证研究[J].高等职业教育,2011(7).
18. 李兰巧,肖毅.美国高职院校学生学习性参与度调查解析[J].职业技术教育,2011(29).
19. 李龙辉,陈妮娅.大学生师生关系影响因素的实证研究[J].牡丹江教育学院学报,2008(3).
20. 李龙辉.当前大学生师生关系特点的实证研究[J].湖南第一师范.2007(12).
21. 李其龙.德国教学论流派[M].西安：陕西人民教育出版社,1993.
22. 李雯.关于高职院校教师专业化培养体系的思考[J].高等职业教育,2011(12).
23. 李志强.高职院校师生关系的意义及其实证分析[J].高等职业教育,2012(6).
24. 李壮成,张丽.大学师生关系现状及原因分析[J].达县师范高等专科学校学报(社会科学版),2004(7).

25. 刘少杰.国外社会学理论[M].北京：高等教育出版社,2006.

26. 刘亚鹏.试论传统师生关系的现代转型[J].安徽农学通报,2006(12).

27. 邵晓枫.百年来中国师生关系思想史研究[M].成都：四川大学出版社,2009.

28. 宋兵波.简论教师主体[J].河北师范大学学报(教育科学版),2001(1).

29. 唐清云,余国瑞.对大学师生关系的调查分析[J].统计与决策,2003(7).

30. 万作芳,任海宾.师生关系的四种类型：基于教育历史和实践的概括[J].教育理论与实践,2011(8).

31. 王道俊,扈中平.教育学原理[M].福州：福建教育出版社,2007.

32. 吴式颖.外国教育史教程[M].北京：人民教育出版社,2010.

33. 吴雪萍.国际职业技术教育研究[M].杭州：浙江大学出版社,2004.

34. 夏之莲.外国教育发展史料选粹[M].北京：北京师范大学出版社,1999.

35. 肖文胜,蔡玉文.对高职院校师生关系发展的分析[J].职教论坛,2009(8).

36. 肖毅.西方发达国家高职院校师生关系探析[J].高等职业教育,2011(10).

37. 徐瑞,刘慧珍.教育社会学[M].北京：北京师范大学出版社,2010.

38. 杨再铭.试论现代课堂教学中的新型师生关系[J].黔东南民族师范高等专科学校学报,2004(1).

39. 姚静,熊高仲.高职院校师生关系现状研究[J].南昌高专学报,2008(3).

40. 张焕庭.西方资产阶级教育论著选[M].北京：人民教育出版社,1979.

41. 朱国珍.网络环境下高等职业教育新型师生关系研究[J].南昌高专学报,2008(2).

42. 诸惠芳.外国教育史纲要[M].北京：人民教育出版社,2005.

43. 邹强,罗木珍.对当前大学师生关系现状的调查与思考[J].高等教育研究学报,2007(3).

后 记

本书是北京市教育委员会社会科学计划项目"高职院校师生关系研究"的研究成果。本项研究历时两年(2010—2011年),以高职院校师生关系为研究对象,以"职业教育""师生关系"为关键词,在梳理师生关系变迁、进行理论、比较研究的基础上,选取七所高职院校分别对学生、教师进行师生关系现状的调查与研究,分析了高职院校师生关系现存问题、影响因素以及典型案例,提出构建高职院校和谐师生关系的方法与途径。希望本书能够引发大家对高职院校特殊师生关系的关注与省思,为高职院校教育教学改革提供有益的启示,也能让高职院校师生及教育决策者和研究者从中获益。

本书是课题组成员共同努力、精诚合作的结果。课题组组长李兰巧长期从事教育管理与研究工作,是本书的策划者和主要研究与撰写人;课题组成员丁桂莲、肖毅、李志强、戴军、李雯、张瑞芬、杨峥威参与了文献资料收集、问卷调查与分析、研究与撰写工作。在研究过程中,所调研的高职院校师生给予了积极支持与配合,在此表示衷心感谢;同时,感谢承担了问卷数据录入工作的北京青年政治学院社工系学生。由于视野与水平有限,本书会存在不足,以期获得大家的指教。

李兰巧

2013 年 1 月 5 日